KB204538

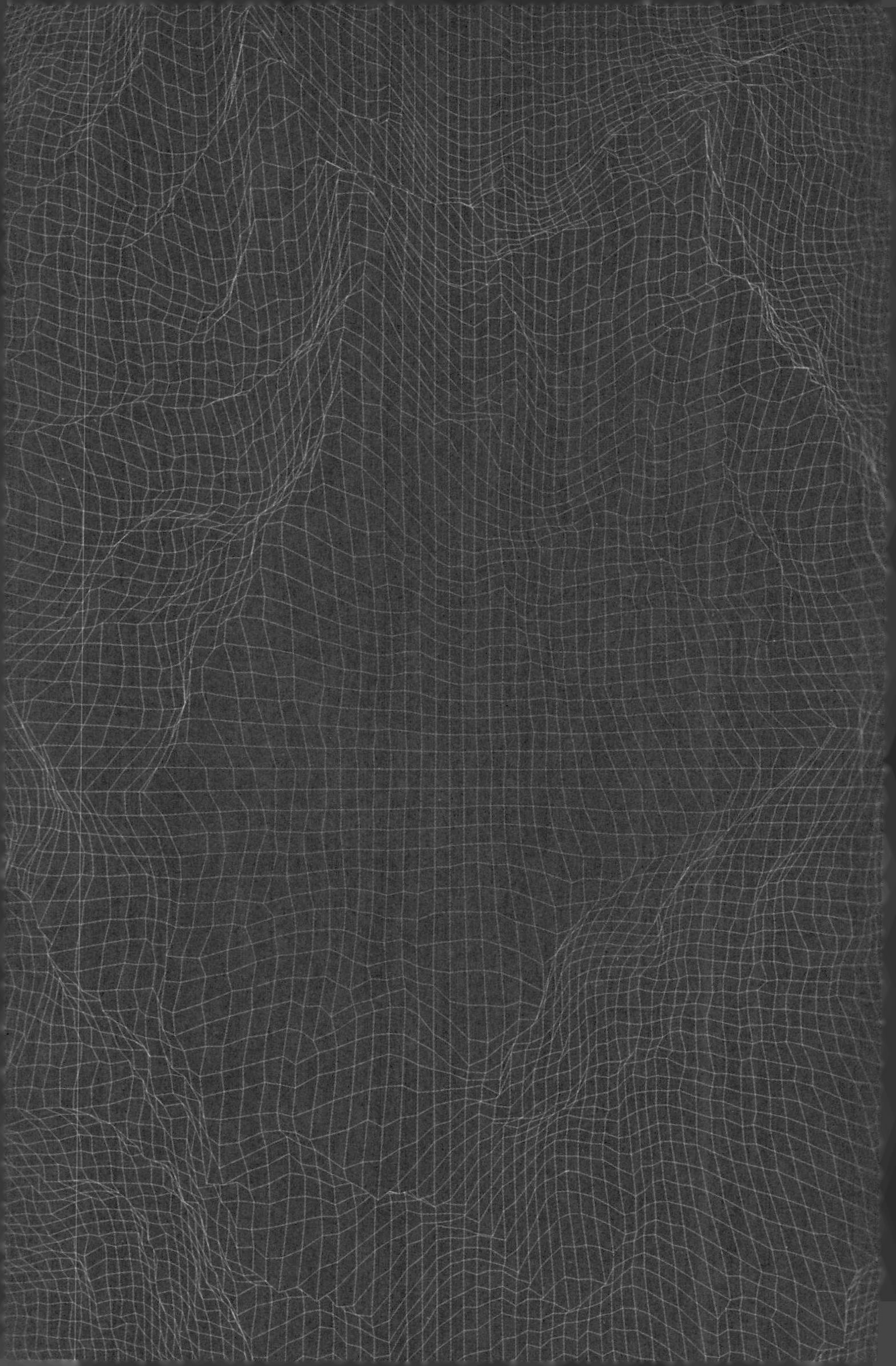

강 죽이는 사회

삽질하는 사람들

A River-killing
Society

정수근 지음

대한민국 환경파괴 실태를 알리는 출판 프로젝트 저항

② 강 죽이는 사회

참여해 주신 분들

감병만 · 강미애 · 강성규 · 계대욱 · 공선주 · 곶자왈 · 권경숙 · 권혁범 · 금동혁 · 길정근 김경태 · 김경해 · 김규원 · 김기훈 · 김다율 · 김두경 · 김미라 박소미 · 김미선 · 김사수미 김상률 · 김새순 · 김선미 · 김선애 · 김성만 · 김세영 · 김소조 · 김수옥 · 김영옥 · 김영희 변호사 · 김인곤 · 김재민 · 김정현 · 김지형 · 김현희 · 김희정 · 나무곁에서서 · 나선영 날심고한용 · 낭만목수 · 노태권 · 노현석 · 노혜숙 · 녹색당대구시당 · 달개비임영주 대전환경운동연합 · 더조은환경연대 · 도연스님 · 땅별꿈 · 마용운 · 맑은누리김우영 멋진거북이 · 문성호 · 문종례 · 박상규 · 박수택 · 박종순 · 박지현 · 박한 · 백동현 백수범 · 산강연임진희이진홍 · 서민기 · 서서재 · 서지민 · 성현제 · 손장희 · 송민희 송재혁 · 송재형 · 송향헌 · 수달아빠 · 수암산책 · 신하민 · 쓰줍인 비키 · 안경숙 · 안재현 양윤정 · 예서정 · 오승현 안드레아 · 오영애 · 오은지 변홍철 · 우인정 · 우지현 · 유창렬 유한목 · 윤리적최소주의자소일 · 윤지수 · 윤태경 · 은숙C · 이경제 · 이기영 · 이미정 이미정 · 이미정 · 이상헌 · 이성진 · 이숙희 · 이승렬 · 이태목 · 이호성 · 임수희 · 임윤정 임진영 · 장민경 · 장벽을걷어내고흘러라 · 장선미 · 장수연 · 전경림 · 정수근응원김사열 정유진 · 정이듬 · 정정환 · 정헌호 · 정헌호 · 조성희 · 조인보 · 지구관찰자 · 지구별약수터 차정호 · 창공놀이터 · 창원이유진 · 채병수 · 천윤경 · 초록환경교육센터 · 최인화 최준호 · 최현호 · 코뿔소 · 택현 서준 민우 · 포튤라카 · 한빛샘 · 한중권 · 해양환경보호단 레디 · 홍은경 · 홍정순 · 황정화 · N년째직괴가해중

이름을 밝히지 않은 21분을 포함해 총 158분께서 참여해 주셨습니다.

진심으로 감사드립니다.

여는 글

강을 죽이는 사회에 저항하며

책 출간을 한창 준비하고 있던 올 8월 초, 낙동강 부분 부분이 짙은 녹색으로 물들어 갔다. 그리고 8월 중순이 되자 낙동강 전역이 녹색으로 변했다. 지금 낙동강은 녹색 강, 녹조의 강이다.

강이 녹색으로 물들었다는 사실 그 자체로도 불길한 느낌이 드는데, 안타깝게도 그 녹조에는 심각한 독까지 들어 있다. 2020년 아프리카 보츠와나에서 코끼리 350여 마리가 녹조 독으로 인해 집단 폐사했고, 1996년 브라질에서는 혈액투석 치료에 녹조 독으로 오염된 물을 사용해 100여 명이 중독되고 그 중 50여 명이 사망하는 사고가 일어났다. 녹조의 독성은 그만큼 위험하다.

지구상에서 가장 강력한 독성물질로 알려진 다이옥신 다음가는 맹독이 바로 이 녹조 독 마이크로시스틴이다. 독성이 청산가리의 6000배에 달하는 마이크로시스틴은 간에 매우 치명적인데, 최근 정자에 이상을 일으키는 생식독성과 치매를 유발하는 신경독성까지 있는 것으로 밝혀졌다. 지금 그런 독을 품은 녹조가 낙동강에 창궐하고 있는 것이다.

1300만 영남인의 식수원인 낙동강에 이토록 심각한 수준으로 녹조현상이 발생하기 시작한 것은 2012년의 일이다. 4대강에 보를 만들어 강물을 막기 시작한 바로 그해이다. 강물을 거대한 보로 가두자 바로 그해 여름 심각한 녹조가 발생했고, 그 후 12년 동안 매년 같은 일이 되풀이되고 있다.

이것이 강의 죽음이다. 국가의 폭력에 강이 죽어가며 독을 뿜어내고 있는 것이다. 녹조는 결국 죽어가는 강이 보내는 신호이자 강의 저주이며 신음하는 강이 흘리는 피눈물이다.

국가가 우리 강에 저지르는 폭력은 이뿐만이 아니다. 현재 대구시는 금호강에서 '르네상스'라는 이름을 내걸고 멸종위기에 처한 야생동물들의 마지막 피난처를 파괴하고 생태계를 단절시키는 토건 사업을 벌이고 있다. 지금은 사람들에게 많이 잊혔을 것이라 생각되는데, 금호강은 산업화 시절 온갖 오폐수를 떠안으며 시궁창으로 전락했던 강이다. 그런데 다행히 2000년대에 접어들어 오폐수가 끊기고 영천댐에서 많은 물이 금호강으로 유입되자 금호강은 차츰차츰 살아나기 시작했고,

20여 년이 흐른 지금 기적적으로 부활에 성공했다. 이처럼 국가 폭력에 의해 거의 죽었다가 겨우 살아 돌아온 금호강에 또다시 국가가 폭력을 행사하려 하는 것이다.

금호강의 부활을 알려주는 대표적인 장소가 있으니 바로 팔현습지다. 달성습지, 안심습지와 함께 대구 3대 습지로 꼽히는 팔현습지는 현재 19종의 법정보호종 야생동물이 살고 있을 정도로 생물다양성이 풍부하고 경관이 매우 아름다운 곳이다. 그런데 이렇게 뛰어난 자연성을 갖고 있는 팔현습지에도 '삽질'이 예정되어 있다. 1.5킬로미터에 달하는 보도교 건설을 위해 대구시와 낙동강유역환경청은 끝내 이곳에서도 공사를 벌일 작정이다.

여기서 끝이 아니다. 군사독재 시절인 1970년 낙동강 최상류에 자리 잡은 영풍 석포제련소의 공해로 인해 낙동강과 백두대간이라는 아름다운 우리 산하가 완전히 초토화되고 있고, 그 아래 안동댐 인근은 카드뮴, 아연, 납, 비소, 수은 등의 중금속으로 오염되고 있다. 설상가상으로 이 위험천만한 공장은 그곳의 노동자들마저 계속해서 죽음으로 내몰고 있다. 또한 낙동강의 어머니 같은 존재라 할 수 있는 낙동강의 제1지류 내성천은 이미 그 원형이 심각한 수준으로 훼손되었고 매년 지독한 녹조가 창궐하고 있는데, 이는 다름 아닌 4대강 사업으로 들어선 영주댐 때문이다.

이 책은 이러한 국가 폭력의 현장 이곳저곳을 직접 발로 뛰어 써낸 책이다. 죽어가는 강과 강 안에서 살아가는 수많은 생명의 절규를 담은 책이자, 그들과 연대해 국가 폭력에 저항한 기록이며, 그 저항에 동참해 달라 추동하는 책이다.

이 책을 통해 우리 강에서 벌어지고 있는 일을, 폭력의 현장을 목도하길 바란다. 그리고 낙동강을 비롯한 4대강을 살려내고 야생동물들의 집인 금호강 팔현습지를 지켜내는 일에 관심을 가져주었으면 한다. 그런 관심들이 작은 힘이 되고, 힘이 모이면 강을 살려낼 수 있다. 우리 강을 자유롭게 흐르는 강으로 만들 수 있다.

이 책이 우리 강을 살려내고 강에 자유를 되찾게 해주는 데 조금이라도 기여할 수 있다면 더 바랄 것이 없을 것이다. 부디 많은 독자분이 함께해 주기를 간절히 기원하면서, 부족하지만 이 책을 세상에 내놓는다.

2024년 8월의 마지막 날
금호강 팔현습지에서
정수근

차례

1부

내성천의 죽음

10
20
30
40

한순간에 사라진 왕버들 군락

전체가 모래 강으로 이루어져 우리 하천 원형의 아름다움을 간직하고 있다고 평가받는 국보급 하천, 국립공원으로 지정하고 보전해야 마땅할 내성천에서 심각한 싹쓸이 벌목 사태가 벌어졌다.

예천군은 작년 봄 보문면 미호교에서 오신교 사이 3킬로미터에 이르는 버드나무 군락지에서 일명 싹쓸이 벌목을 자행했다. 벌목 주체는 예천군 안전재난과로, 예천군 보문면장의 요구로 진행된 것으로 밝혀졌다. 잘려 나간 나무들은 대부분 왕버들이었고 소나무와 참나무, 미루나무 등도 섞여 있었다.

내성천 왕버들 싹쓸이 벌목 현장에서

그로부터 며칠 뒤인 4월 21일 현장을 직접 살펴보니 잘린 나무줄기의 일부가 오신교 부근에 쌓여 있었고 잔가지들은 벌목 현장에 그대로 방치되어 있었다. 벌목이 자행된 곳은 강과 산의 연결 구간으로, 제방을 축제한 구간이 아니라 대부분 산 사면이 자연스레 제방 구실을 하는 무제부 구간이었다. 누가 심어 가꾼 나무가 아닌 자연스럽게 뿌리를 내리고 자라난 나무들, 주로 왕버들이 군락을 이룬 곳이었던 것이다.

벌목의 이유가 궁금했다. 하천관리를 담당하는 예천군 안전재난과에 전화를 걸어 담당 주무관에게 그 이유를 물었더니 다소 엉뚱한 대답이 돌아왔다. 제방을 보호하기 위한 일이었다는 것이다. 나무가 자라나 제방에 균열을 만들고, 심하면 제방이 붕괴될 수 있어 원래 수목을 제거해 준다는 것이 그의 설명이었다.

그런데 앞서 말했듯 해당 구간은 대부분 산과 연결된 무제부 구간으로 제방을 인위적으로 축제한 곳이 아니다. 게다가 보호해야 할 민가가 있는 것도 아니었다. 대부분 산이고 일부 농경지가 있을 뿐이다. 몇 가구 있는 집들도 산 위쪽에 자리 잡고 있어서 제방 붕괴 운운은 전혀 엉뚱한 소리로 들렸다.

그래서 재차 물었더니 자신이 공사를 진행한 담당자는 아니기 때문에 정확히는 모른다는 설명과 함께 "일반적인 상황 설명으로 답을 했을 뿐"이라고 답했다. 그래서 공사 담당자를 연결해 달라 요청했더니 그로부터 3시간이나 지난 오후 6시경

공사를 진행한 담당 공무원과 어렵게 연결됐다. 그는 다름 아닌 보문면장이었다.

처음에 전화를 건 이는 면사무소 주무관이었다. 그래서 그에게 나무를 벤 이유를 묻고 있었는데 느닷없이 면장이 수화기를 잡더니 직접 설명을 했다. 그 이후 그와 오랜 시간 통화를 했고, 그제서야 사건 경위를 파악할 수 있었다.

처음엔 수목을 제거해 달라는 민원이 있었다고 했다. 작곡리 이장이 "운전할 때 시야를 방해한다"면서 나무를 제거해 달라는 민원을 넣었다는 것이다. 그러면서 "민원도 있었고 여러 가지 제반 사항을 고려해서 벌목 공사를 단행했다"라고 밝혔다. 그가 말한 '제반 사항'이란 '나무가 물의 흐름에 지장을 주는 점' '나무가 시야를 가리는 점' '나무 때문에 쓰레기 투기가 발생한다는 점' '생태계 교란 식물인 가시박이 많이 자라 있다는 점'이었다. 벌목은 이런 사항을 종합적으로 고려한 자신의 판단이라고 했다.

나무의 여러 공익적 기능을 설명하면서 그렇게 싹쓸이 벌목을 하면 어떻게 하느냐는 질문에 그는 "다 이유가 있어서 자른 것인데 왜 그러느냐?" "사람이 먼저지, 주민들 위해서 한 일인데 뭐가 문제가 되느냐?" "환경운동도 좋은데 그깟 나무 좀 자른 것까지 문제를 제기하는 건 너무 심한 거 아니냐"는 답변이 돌아왔다. 그래서 옥신각신하다가, 백번 양보해서 꼭 해야 하는 일이라면 필요한 구간만 공사를 한다든지 해야지 이렇게 마구잡이로 베어버리면 어떻게 하느냐고 하니 "저렇게 잘라놓으니 얼마나 좋으냐. 강의 모습이 시원하게 보이지 않느냐. 사람들도 좋아하고 나도 잘했다 생각한다. 1.5킬로미터 정도 남은 나머지 구간도 마저 공사를 할 것이다. 내가 다 책임지겠다"라고 말했다.

이러한 상황 설명을 다 들은 한경국립대학교 토목공학전공 백경오 교수는 다음과 같이 말했다.

> 나무가 유수에 지장을 준다는 것인데, 그렇다면 나무가 있을 때 홍수위와 나무를 제거했을 때 홍수위를 비교한 자료를 근거로 벌목을 해야지 아무 근거 없이 나무를 제거해서는 안 된다. 그리고 유수에 방해된다고 하면서 정작 강안의 그 많은 나무는 그대로 놔두고 자연제방의 나무만 베었다는 것도 도무지 이해가 안 된다.

또한 부산대학교 조경학과 홍석환 교수는 다음과 같이 유럽의 사례를 들며 반박했다.

> 강가의 나무는 물의 흐름에 지장을 주는 제거 대상이 아니라, 물의 흐름을 조절해 주는 보호 대상이다. 유럽에서 강의 나무를 제거하는 일은 결코 없다. 홍수가 발생하면 이들이 물의 힘을 완화하여 하류 지역의 홍수 피해를 줄여주는 역할을 하기 때문이다. 그래서 유럽은 오히려 이런 식생들이 자라는 범람원 습지를 더 만들려 하고 있다.

(위)2022년 9월 예천 보문면 작곡리 내성천의 모습. 산 사면 나무들이 울창하게 자라 있다.
(아래)2023년 4월 나무들이 무참히 베어진 후의 모습.

한편 환경운동가 최병성 목사는 내 자료를 살펴보고서는 내성천의 싹쓸이 벌목 사태를 이렇게 평했다.

> 산림청이 나무를 함부로 베니 각 지자체에서도 함부로 나무를 베는 것 같다. 내성천 왕버들은 내성천의 아름다운 경관을 이루는 핵심 요소 중 하나인데 그런 왕버들을 싹쓸이했다는 것은 기본적으로 환경파괴 행위다. 합리적인 근거자료도 없이 싹쓸이 벌목을 단행했고 그로 인해 내성천의 경관마저 망치는 결과를 초래했으니 이것은 형사 고발감에 해당하는 사안으로 보인다.

사라진 수달의 터전

며칠 뒤 내성천 벌목 현장을 다시 찾았다. 한 언론사의 동행 취재 요청도 있었고, 현장을 조금 더 자세하게 살펴보고 싶어서였다. 예상대로 싹쓸이 벌목은 야생 생태계에도 큰 변화를 불러온 듯했다.

지난 현장 조사 때는 도로에 서서 강을 내려다보며 조사를 진행했는데, 이번에는 내성천 안으로 들어가 현장 곳곳을 세밀하게 살펴보았다. 싹쓸이 벌목이 야생동물들에게는 어떤 영향을 끼쳤을지 궁금했기 때문이었다. 강 안으로 직접 들어가 벌목 현장을 올려다보면서 주변을 관찰하니 야생동물들의 흔적을 쉽게 발견할 수 있었다. 고라니의 흔적이 곳곳에 널려 있었고, 천연기념물 수달과 멸종위기종 삵의 흔적도 발견할 수 있었다. 나무 그늘 아래 바위틈에는 배설물이 남아 있었고, 은폐가 가능한 나뭇가지 밑에서는 사냥의 흔적을 찾을 수 있었다.

내성천은 시골로 이곳 수달은 이른바 '시골 수달'에 해당한다. 지리산 '수달친구들' 최상두 대표의 말에 따르면 '도시 수달'과 달리 '시골 수달'은 낮에도 출몰해 사냥을 즐긴다. 사람이 많이 다니지 않기 때문에 가능한 이야기다. 이곳 내성천 문제의 현장에도 사람들이 거의 없다. 벌목이 진행된 길은 작곡리 주민들이 왕왕 이용하는 길인데, 작곡리 주민의 수가 매우 적고 자연제방에 자라난 나무들 사이로 몸을 은폐할 수 있기 때문에 동물들이 맘껏 활보할 수 있었을 것이다.

그러나 지금은 나무가 모두 제거됐기 때문에 동물들의 행동이 완전히 노출될 수밖에 없게 됐고, 이들이 낮에 이곳에서 활동하는 건 이제 기대하기 어렵게 됐다. 더군다나 나뭇가지 아래 바위틈이나 큰 나무 사이 후미진 곳에서 집을 짓고 생활하는 게 수달이다. 이번 벌목으로 수달의 집 또한 철저히 파괴됐다는 걸 어렵지 않게 짐작할 수 있었다. 그렇다면 왕버들 싹쓸이 벌목은 멸종위기종에게까지 악영향을 끼친 것이 된다.

100년 고목의 죽음

물길을 거슬러 올라가면서 잘린 나무를 하나하나 살폈다. 위에서 볼 때와는 달리 확실하게 잘린 나무들의 상태를 확인할 수 있었는데 수령이 오래된 나무도 많았다. 한 나무는 지름이

무참히 잘려 나간 아름드리 왕버들 나무.

1미터나 됐다. 전문가의 말에 따르면 추정 수령이 100년 정도 되는 나무였다. 이렇게 오래된 아름드리나무도 무참히 잘려 나갔다. 비교적 자연제방의 위쪽에 자리 잡고 있어서 물 흐름에 영향을 주지 않는데도 말이다.

충분히 보전할 가치가 있는 너무 아까운 나무가 목숨을 잃었다. 그런데 이런 나무는 더 있었다. 흉고(가슴 높이 즉, 지면으로부터 1.2미터가 되는 곳의 나무의 직경) 50센티미터가 넘는 왕버들들도 속절없이 잘려 나갔다.

최병성 목사의 말처럼 이들 왕버들은 내성천의 아름다운 경관을 이루는 핵심 요소 중 하나로 내성천 경관의 백미다. 이에 대해 『한국 식물 생태 보감』의 저자이자 저명한 식물사회학자인 김종원 박사는 다음과 같이 내성천 왕버들의 가치에 대해 설명했다.

> 내성천의 왕버들 군락은 강하천 제방의 자연성을 진단하는 최고의 식물사회phytocoenosen*로, 내성천 물길과 하식애河蝕崖가 만나는 경계에 발달한 자연식생이다. 우리나라 강가에서 볼 수 있는 최고의 식물사회이고, 자랑스러운 한국 강하천의 '자연 갤러리'인 것이다. 이번에 벌채된 왕버들 군락은 그 정도로 우수하고, 희귀하고, 규모 면에서 손에 꼽을 수 있는 자연식생이었다.

그러면서 그는 이번에 벌채된 왕버들 군락에 대하여 "식생보전 등급을 평가한다면 절대 보전 등급을 줄 수 있을 정도로 최고 수준의 보호대상이 될 만한 식물사회로 평가할 수 있다"라고

* 다양한 식물종의 집합. 환경에 따라 각기 다른 구성의 식물사회가 발달한다.

말했다. 이렇게 경관적, 생태적으로 중요한 가치가 있는 왕버들을, 잘 보살피고 관리해야 할 책임이 있는 지자체인 예천군이 스스로 제거해 버린 것이다.

지자체의 황당한 답변

앞서 통화에서 보문면장은 '나무가 물의 흐름에 지장을 주는 점' '나무가 시야를 가리는 점' '나무 때문에 쓰레기 투기가 발생하는 점' '생태계 교란 식물인 가시박이 많이 자라 있는 점'을 벌목의 이유로 들었다. 그런데 만약 그가 내성천 안으로 한 번이라도 들어와 봤더라면, 강변에 빼곡하게 서 있는 왕버들 군락이 펼치는 그림 같은 광경을 한 번이라도 목격했더라면 이런 일은 발생하지 않았을지도 모른다. 내성천처럼 아름다운 강을 끼고 있는 시군의 책임자들이 그 가치를 몰라주는데 주민들이야 오죽할까. 내성천을 끼고 있는 봉화군, 영주시, 예천군의 책임자들부터 내성천을 바로 알아가는 학습의 과정이 필요하다는 생각까지 들었다. 존재 자체만으로 경관적 가치가 뛰어난 데다 야생동물들의 삶터로서 생태적 가치가 있는 식생, 전문가들이 절대 보존해야 하는 존재로 평가하고 유럽에서는 적극적으로 보호하고 있는 하천 변의 나무를 싹 벌목해 버리다니, 행정의 생태적 무지가 도를 넘은 듯했다.

경북 예천군과 보문면에 의한 내성천 변 왕버들 나무 싹쓸이 벌목 사태에 대해 대구환경운동연합은 진상 규명을 하고자 지난해 4월 24일 국민신문고를 통해 공식 민원을 제기했다.

답변 내용

답변일	2023-05-01 10:51:11
처리결과 (답변내용)	1. 예천군 발전을 위해 관심을 가져 주신데 대하여 감사드립니다. 2. 귀 단체에서 국민신문고에 신청하신 민원(신청번호 1AA-2304-0801520)에 대한 답변을 다음과 같이 알려드립니다. - 3킬로미터에 이르는 구간의 나무를 모두 벤 이유를 구체적으로 밝혀주십시오. 답변) 미호~작곡 임도변 시거장애목 제거는 임도를 이용하는 농지경작자 및 임도 이용자들의 수목제거 요청민원에 의해서 가로수 외 수목제거를 통해 경관개선 및 통행자의 안전확보에 목적을 두고 작업함. - 무슨 근거로 싹쓸이 벌목을 단행했는지 그 근거자료를 밝혀주십시오 답변) 마을 및 농경지 진출입로로써 안전사고 예방을 위해 시행 - 이 방법말고 다른방법은 없었는지 해명해주십시오. 답변) 다른방법은 없었음. - 정말 필요하다면 문제가 되는 곳만 나무를 베도 될 것인데 싹쓸이 벌목을 할 수밖에 없었던 구체적인 이유를 밝혀주십시오. 답변) 안전사고 예방 및 임도환경 조성 차원에서 벌목을 시행했으며, 환경의 대표적인 생태 교란식물인 가시박 생육환경 차단면에서도 전체적인 벌목이 이루어질 수 밖에 없었음. - 누가 무슨 권한으로 싹쓸이 벌목을 지시했는지 밝혀주십시오. 답변) 여러차례 지장목제거 요청 민원에 의거 본면에서 이루어지는 제반사항에 대해서 면장의 판단과 결정임 - 왕버들은 내성천 경관을 이루는 핵심요소 중 하나입니다. 망가진 경관을 어떻게 회복할 것인지 밝혀주십시오. 답변) 일정 시간이 지나면 자연적으로 경관이 회복될 것이라 생각됨. - 미호교 오신교 사이 구간중에서 아직 벌목하지 않고 남은 구간도 모두 베겠다는 계획으로 알고 있는데, 그대로 진행할 것인지 밝혀주십시오. 답변) 자전거도로 1.5km 구간은 예산확보가 되지 않은 상황임. - 이번 사태에 대한 예천군의 공식 입장이 무엇인지 궁금합니다. 답변) 없음. 3. 귀단체의 민원사항에 만족스러운 답변이 되었기를 바라며, 답변 내용에 대한 추가설명이 필요한 경우 보문면 행정복지센터 산업팀 권하경(☎054-650-8581)에게 연락주시면 안내해 드리겠습니다. 감사합니다.

대구환경운동연합 민원에 대한 예천군의 공식 답변.

이에 예천군이 약 일주일 뒤인 5월 1일 공식 답변서를 보내 왔다. 그런데 논란이 되고 있는 사안에 대한 답변치곤 성의가 없고 부적절해 보였다. 사실관계가 틀린 부분이 있고 답변을 거부하는 듯한 내용도 있었기 때문이다. 결국 예천군과 보문면은 잘못이 없으며 정당한 행정력을 발휘했다는 입장으로 보였다.

먼저, "여러 차례 수목을 제거해 달라는 민원이 있었다"는 부분은 마치 여러 사람이 민원을 제기했다는 듯 들리지만 이는 앞서 언급했듯 작곡리 이장의 일방적인 민원일 뿐이었다. 민원이 들어오면 민원의 내용과 타당성을 판단한 다음 민원 해결을 위한 조치를 취하는 것이 적합한 절차일 텐데, 이 건에서 예천군과 보문면의 판단은 너무나 자의적이었다. 전적으로 면장의 판단에 맡겨버린 것이다. 외부인을 포함한 공론화위원회라도 꾸려서 판단해야 할 일이었는데, 그런 절차는 생략됐고 지자체는 면장의 자의적 판단에 따라 일을 결정했다. 한없이 유감스러운 일이다.

또한 "경관 개선 및 통행자의 안전 확보에 목적을 두고 작업"했다는 답변도 납득하기 어려웠다. 오히려 왕버들 군락 제거를 통해 내성천의 아름다운 경관이 망가졌으며, 하천 변의 왕버들 나무들은 모두 강 쪽으로 기울어 있어서 임도 쪽 시야를 전혀 가리지 않았기 때문이다. 싹쓸이 벌목 사태에 대한 근거 자료를 밝혀달라는 요청에도 "마을 및 농경지 출입로 안전사고 예방을 위해"라는 황당한 답변으로 일관했다. 말했다시피 하천 변의 왕버들 군락은 하천 쪽으로 기울어져 자라나 있었기 때문에 마을과 농경지 출입로를 전혀 막고 있지 않았다.

또 "정말 필요하다면 문제가 되는 곳만 나무를 베도 될 것인데 싹쓸이 벌목을 할 수밖에 없었던 구체적인 이유"를 밝혀달라는 요청에 대해서는 "대표적인 생태교란 식물인 가시박 생육환경 차단" 차원에서 전체적으로 벌목할 수밖에 없었다는 너무나 자의적이고도 무책임한 답변이 돌아왔다. 구더기 생긴 장에 장만 제거하는 것이 아니라 장독까지 깨트려 버리겠다는 말이 아닌가. 가시박 제거를 위해 수목까지 모두 제거하는 것은 어리석고 과도한 행정의 대표적 사례가 아닐 수 없다. 가시박은 수목을 제거한다고 해서 사라지는 것이 아니라서, 가시박 씨앗이나 새싹 제거를 통해 없애는 것이 합당하다. 수목 제거 후 가시박 씨앗이 오히려 온 하천 변에 싹을 틔운 점만 봐도 예천군의 행정이 엉터리였음을 알 수 있다. 사태 해결을 위한 다른 방법이나 예천군의 공식 입장을 묻는 질문에는 대답을 하지 않는 대담함까지 보여주었다.

그로부터 사흘 뒤 내성천 왕버들 싹쓸이 벌목 현장을 다시 찾았다. 예천군의 사실과 다른 해명과 성의 없는 답변을 듣고 다시 현장을 살펴보고 싶었기 때문이었다. 특히 "가시박 제거를 위해 나무를 모두 베어버렸다"는 해명은 "빈대 잡으려고 초가삼간 태운다"는 속담을 떠올리게 한다. 하천 변에서 자라는 가시박들이 보기 싫은 건 사실이다. 그러나 그걸 제거하기 위해 애먼 나무를 모두 베어버리다니, 지나가는 소가 웃을 일이다. 가시박은 그 싹들을 일일이 뽑아 없애야 제거된다. 이는 인력이 필요한 일이다. 즉 봄철 씨앗이 발아해서 가시박이 마구 올라올 때 사람이 직접 통째로 뽑아서 제거해야 가시박이 줄어드는 것이다. 옆에 있는 나무와는 아무 상관 없는 일이다.

예천군에 따르면 이번에 나무 벌목에 들인 예산이 2000만 원이라고 한다. 그 예산의 10분의 1만 들여도 가시박을 효과적으로 제거할 수 있었을 텐데 대체 무슨 짓을 한 걸까. 나무를 벤 자리마다 가시박 싹들이 맹렬한 기세로 올라오고 있었다.

나무가 베어진 곳마다 가시박 싹이 올라온다. 나무가 사라지니 볕을 더 많이 받아 더욱 맹렬히 발아하는 것으로 보인다.

벌목은 가시박을 제거하긴커녕 햇볕 등의 영향으로 가시박이 더욱 맹렬히 발아할 수 있는 환경을 만들어준 것으로 보였다.

누가 쓰레기 투기를 조장하는가

또 하나 얼굴 붉히게 하는 것은 쓰레기 투기 현장이었다. 예천군과 보문면장은 쓰레기 투기가 심해서 나무를 벌목했다고 주장한다. 그래서 얼마나 많은 쓰레기가 버려지는지 살폈더니 딱 두 곳에 쓰레기가 버려져 있었다. 생활 쓰레기들이었다. 그런데 이 해명도 가당찮다. 나무가 있으면 쓰레기를 투기하고 나무가 없다고 쓰레기 투기를 하지 않는다는 말인가?

그렇지 않다. 사람들은 이곳이 관리가 되지 않는 외진 곳이라서 쓰레기를 버리는 것이지 나무가 많이 자라 있어서 쓰레기 투기를 많이 하는 것이 아니다. 평소에 하천을 아름답게 잘 관리하면 누가 쓰레기를 투기한단 말인가. 따라서 쓰레기 투기 근절을 위해서는 나무를 모두 벨 것이 아니라 주변을 깨끗이 관리하는 게 우선이다. 그런데 쓰레기 투기를 방지하기 위해 벌목을 강행했다는 예천군과 보문면은 이미 버려진 쓰레기를 치우지도 않고 그대로 방치해 두고 있었다. 그러면서 사람들이 쓰레기 투기를 하지 않길 바라고 있다니!

사실 쓰레기가 버려진다는 말은 그동안 하천관리를 안 했거나 엉망으로 해왔다는 것을 스스로 인정하는 것과 다르지 않다. 얼마나 하천관리를 안 했으면 사람들이 쓰레기를 버릴 생각을 했겠는가. 더러운 곳에 더러운 것이 붙고, 깨끗한 곳에 깨끗한 것이 붙게 마련이다. 지금이라도 예천군의 실질적 하천관리가 이루어질 수 있기를 바라본다.

벌목으로 생겨난 잘린 가지들 또한 하천 변에 방치되어 있었

내성천 변에 방치되어 있는 쓰레기.

다. 큰 폭우라도 내리면 쌓여 있는 가지들이 모두 내성천을 넘어 낙동강으로 흘러가 더 큰 피해를 유발할 수도 있는 상황이었다.

현실이 이러한데도 보문면장은 나머지 남은 1.5킬로미터 구간의 왕버들을 마저 벨 것이라 했고 예천군은 아직 예산이 잡히지 않았다고 설명했다. 즉 “베지 않겠다”가 아니라 예산이 없어 못 베고 있을 뿐 예산만 잡히면 또다시 싹쓸이 벌목을 강행하겠다는 뜻이었다.

산을 깎고 길을 내는 사람들

지난해 9월 '물돌이 마을'로 유명한 국가 명승 예천 회룡포를 찾았다가 두 눈을 의심하게 하는 광경을 목격했다. 제2뿅뿅다리 끝 용포마을(회룡포마을 건넛마을) 진입로 옆 산지 절벽으로 포클레인이 들어가 산을 깎고 길을 내고 있었다. 회룡포 전체가 국가유산인데 이러한 공사가 어떻게 가능한지 의문이었다. 길은 1킬로미터 이상 이어졌고, 산 아래를 깎아서 폭이 제법 되어 보였다.

국가 명승 회룡포의 수난

뿅뿅다리가 수해로 끊어져 강 건너로 가볼 수 없었지만, 맞은

회룡포마을 건너편 공사 현장. 산지 절벽 앞으로 넓은 길을 내어놓았다.

편에서 바라만 봐도 그 공사 규모를 어림할 수 있었다. 하늘에서 바라보니 그 길이 더욱 선명하게 눈에 들어왔다. 이미 내성천 미호교와 오신교 사이 천변의 아름드리 왕버들 나무들을 싹쓸이 벌목해 논란을 일으킨 바 있는 예천군에서 벌어지고 있는 일이었다.

알아보니 해당 사업은 예천군 문화관광과 담당이었다. 하여 담당자를 찾아 전화로 이유를 물었다. 그러자 담당자는 "주민들이 다니는 오래된 오솔길이 있었는데 그 길을 관광사업의 일환으로 군이 7~8년 전에 조금 확장했고, 이번 수해 때 쓰러진 나무들의 정비를 위해 포클레인이 들어가다 보니 길이 더 확장된 것"이라 설명했다.

설명을 듣고 국토정보플랫폼에서 항공사진을 찾아 확인해 보았다. 2022년까지만 하더라도 해당 장소에는 확대를 크게 해야 겨우 확인할 수 있는 그야말로 좁은 오솔길만 있을 뿐이었다. 그런 오솔길을 차량이 다닐 수 있는 수준으로 확장해 놓은 것이다.

담당자는 소규모 정비사업이라 문화재청*에 따로 신고하지 않는다고 했다. 그러나 이 정도의 공사라면 '현상변경허가'를 받아야 한다는 것이 한국문화유산정책연구소 황평우 소장의 의견이었다. 문화재청에 서둘러 신고해야 할 사안이라는 것이다. 이에 나는 문화재청에 신고하기 위해서 연락을 취했다. 역시나 문화재청 천연기념물과 국가 명승 담당 주무관은 이런 사실을 제대로 모르고 있었다. 담당자는 "예천군에 연락을 해서 상황을 알아보고 연락을 주겠다"라고 답변했다.

비단 문화재가 아니더라도, 산과 강이 연결된 공간은 생태적으로 너무나 중요하다. 산의 생태계가 강의 생태계와 연결되는 바로 그 지점에 길을 내어버리면 생태적 단절이 일어난다. 그런

* 현 국가유산청. 국가유산기본법 시행에 따라 2024년 5월부터 '문화재청'이 '국가유산청'으로 개칭되었고, '문화재' 명칭 또한 '국가유산'으로 바뀌었다. 이 책에서 언급되는 '문화재'는 '국가유산'을 의미한다.

데 지자체는 그러한 생태적 중요성은커녕 국가 명승이라는 점조차 제대로 고려하지 않고 토건 공사를 감행했고, 문화재청은 관리 감독에 있어 미흡한 모습을 보여주었다.

오솔길이 폭 10미터 도로로

보름 뒤에 다시 회룡포를 찾았다. 며칠 사이 적지 않은 비가 내리고 영주댐에서 많은 물을 방류한 탓인지, 줄어들지 않은 강물이 세차게 흐르고 있었다. 장마 기간 끊어진 제2뿅뿅다리도 여전히 복구되지 않은 상태였다. 그래도 다행히 강을 건널 수 있는 수위여서 천천히 강을 가로질렀다.

제2뿅뿅다리가 끝나는 곳부터 바로 공사판이었다. 사석捨石들이 놓여 있었고 포클레인으로 땅을 긁어놓은 흔적이 역력했다. 큰 너럭바위를 끼고 강 옆으로 난 길의 폭은 3미터 이상이었고, 입구부터 시작해서 마치 신작로처럼 길이 닦여 있었다. 산지로 난 길을 이렇게 넓게 닦아도 되나 싶은 수준이었다. 암반 지대를 지나니 갈수록 길은 넓어졌다. 가장 넓어 보이는 곳을 줄자로 쟀더니 10미터가 넘었다. 자동차 세 대는 너끈히 세울 수 있는 폭이다.

'산지 벼랑에 이렇게 넓은 길을 내도 되는 걸까?' '이것이 수해 복구 사업이라고?' 물음표가 머릿속에 쏟아졌다. 예천군 문화관광과 담당자는 분명 "나무들이 많이 쓰러져 그것을 치우기 위해 장비를 동원해 수해 복구 사업을 벌인 것"이라 해명했는데, 그 정도가 너무 심해 보였다.

새로 난 길을 따라 산 사면이 무너지면서 나무들이 마구 쓰러져 있다.

2017년 예천군은 문화재청의 승인을 받아 옛 용포마을 주민들이 이용하던 산지 벼랑의 좁은 오솔길을 관광객들이 이용할 수 있도록 탐방로로 재정비했다. 정의당 이은주 의원실로부터 입수한 당시 정비사업 관련 자료를 보면, 해당 탐방로 폭은 1.5미터다. 그것이 이 공사로 최대 10미터까지 넓혀진 것이다. 아무리 수해 복구라지만 너무 심하다는 생각이 들지 않을

(단위 : 천원)

공 사 명	예천 회룡포 탐방로 조성사업				
소 재 지	경북 예천군 용궁면 대은리 950				
예 산	계	국 비	도 비	군 비	자부담
	1,000,000	700,000	90,000	210,000	
설 계 자			시행청설계도서 검토자 직, 성명		
공 사 기 간	착공후 180일간		공사착수예정일	2017. 4월중	
시행청 공사감독 임명예정자 직,성명			문화재관리국 공 사 감 독		

설계도서 검토의견 및 특기사항

○ 공사개요

1. 토 공 : 토사절취 27㎥,되메우기 및 다짐 19㎥
2. 시설물공:가지치기(B=3m)828m,노면정비(B=1.5m)556m,노면확장(B=1.5m) 83.0m, 보행매트(B=1.5m)589.0m, 방향안내판 4EA, 종합안내판 3EA, 풀베기(B=3.0m)322.0m, 횡단배수로(B=3.0m)2EA 계단데크(B=1.5MXL=2.4m)100경간, 계단참(B=1.5MXL=1.0m)50경간, 계단데크(B=1.5MXL=6.0m)12.9경간
3. 자재소운반 : 1식

붙 임 : 설계서(도면, 시방서, 내역서, 산출기초) 1부.

예천군이 보내 온 2017년 당시 문제의 탐방로 설계 자료를 보면, 노면 정비 폭이 1.5미터라고 분명히 표기되어 있다.

수 없었다.

더구나 그 '정비된 길'이란 것도 불안해 보였다. 포클레인으로 닦아놓은 길 중엔 균열이 가 절반 정도가 쪼개져 있는 곳도 있었다. 이어진 600여 미터의 길은 평균 폭이 4~5미터 정도는 됐다. 이건 탐방로라 할 수 없다. 차량이 드나드는 임도를 닦아놓은 것이나 다름없다.

길을 절반 정도 지나자 나무들이 쓰러진 현장이 눈에 들어왔다. 길의 한쪽 사면이 무너져 있었다. 산지 쪽에서부터 침식이 일어나 산이 흘러내리고 있었고, 거기 있던 나무들이 쓰러진 것이다. 길 아래쪽도 마찬가지였다. 하천 쪽으로도 길이 무너지면서 나무들이 쓰러져 있었다.

수해의 원인은 탐방로 확장 사업

지난해 장마 기간 예천 등지에서 임도를 따라 산사태가 일어난 바 있는데, 2017년 정비한 회룡포 탐방로에도 침식의 흔적이 산지 사면을 따라 길게 이어져 있었다. 좁은 오솔길을 넓히는 무리한 탐방로 조성 사업으로 인해 지난 장마 기간 이 일대가 무너지면서 나무들이 쓰러지게 된 것으로 추측된다. 그렇게 쓰러진 나무들이 불어난 강물에 이리저리 쓸려 다녔을 것이 자명했다. 그리고 그렇게 어지러워진 길을 정비한다는 명목으로 중장비를 동원해 넓은 신작로 수준의 길을 내버린 것이다.

인재人災로 보인다. 애초에 탐방로를 만든답시고 산을 건드리지 않았다면 이런 수해가 나지 않았을 것이라 생각한다. 이는 탐방로가 닦이지 않은 곳을 보면 알 수 있다. 탐방로 조성 사업의 영향을 받지 않은 곳은 멀쩡했기 때문이다. 탐방로 아래쪽은 산이 무너져 내렸는데 위쪽은 멀쩡하게 본래의 모습을 그대로 간직하고 있었다.

이에 이은주 의원실이 국가 문화재를 관리하는 문화재청에 해당 사업에 대한 입장을 물었고, 문화재청은 지난해 추석 직전 다음과 같은 해명을 보내 왔다.

> 해당 공사는 지난 7월에 발생한 수해 피해 복구를 위해 예천군에서 시행한 공사로 문화재보호법* 제35조 및 시행령 제21조의3에서 정한 경미한 현상변경 행위에 해당합니다. 문화재 지정 구역과 그 외곽인 역사문화환경 보존 지역 내 행하여지는 경미한 현상변경 행위는 상기 법령에 따라 지자체 허가 사항입니다.

즉 현상변경 행위가 경미하여 지자체인 예천군이 셀프 허가를 내고 벌인 복구 사업이란 설명이었다. 그런데 현장에서 확인해 보니 '경미한 현상변경'이란 말과는 어울리지 않는 수준이어서 의아함이 들지 않을 수 없었다.

문화재청에 직접 문의해 보니 담당자는 "지자체 소관으로 예천군이 벌인 일로, 현장에서 보니 과도한 부분이 있어 보인다"라며 "정비를 하고 훼손 현장 복구할 때 관여해 이전 모습으로 복원될 수 있도록 노력하겠다"라고 밝혔지만, 이렇게 큰 폭의 길로 정비를 해놓으면 이전 모습으로 되돌리긴 어려울 것이다. 다시 집중호우가 내리면 또다시 이 일대는 수해가 날 확률이 굉장히 높다. 따라서 길 폐쇄와 같은 극단적인 조처도 고려한 종합적인 진단이 필요해 보인다. 아무래도 과거 용포마을

---

* 현 문화유산의 보존 및 활용에 관한 법률. 약칭 '문화유산법'.

주민들이 이용하던 오솔길 수준으로 복원하지 않는 이상 안심하긴 어려울 듯하다.

국가 명승 회룡포 앞에 놓인 질문

예천군이 국가 명승 제16호 회룡포에서 벌인 '삽질'에 대한 걱정으로 일주일 뒤에 다시 한번 회룡포를 찾았다. 멀리서 보면 현장은 더욱 적나라하고 노골적으로 다가온다. 제2뿅뿅다리

문화재청이 주장한 '경미한 현상 변경'.

가 있는 용포마을에서부터 제1뿅뿅다리가 있는 회룡포 주차장까지 산지를 따라 거의 3분의 2에 해당하는 구간에 길을 내놓은 게 뚜렷하게 보이기 때문이다. 조금만 더 길을 확장하면 산지 벼랑을 따라 제1뿅뿅다리에서부터 제2뿅뿅다리까지 길게 이어지는 새로운 길이 놓이게 된다.

관광의 입장에서 보면 매력적으로 보일 수는 있겠다. 그래서 생각은 해볼 수 있겠다 싶다. 그러나 회룡포는 엄연히 문화유산법에 따라 엄격하게 관리되어야 할 국가유산이 아닌가. 더군다나 김종원 박사의 설명에 따르면 이처럼 강과 산이 맞닿은 하식애 지형은 멸종위기종 같은 중요 야생 동식물이 인간의 개발 행위 등을 피해 최후의 보루로서 머무를 수 있는 아주 중요한 공간이다.

원래 있던 오솔길을 2017년에 탐방로 조성이라는 구실로 확장해 놓은 것이 1차 문제였고, 그 확장된 길을 따라서 수해 피해를 복구한다면서 길을 대폭 넓혀버린 것이 2차 문제다. 문화재 구간 산지 벼랑으로 자동차가 지날 수 있는 길을 내버린다는 것이 어떻게 가능한 일이란 말인가.

회룡포전망대까지 돌아보고 내려오니 제2뿅뿅다리 인근에 두 명의 주민이 서서 탐방로 정비 공사를 하고 있는 현장을 유심히 지켜보고 있었다. 그들은 용포마을에 살고 있는 60대 부부였는데, 지금 공사를 하고 있는 곳이 실은 그들 소유의 밭이 있던 곳이라고 주장했다. 그들은 "지금은 강물에 의해 침식되어 깎여 들어갔지만 이 일대 수천 평에 해당하는 밭이 있었다"

라고 하면서 엄연히 사유지임을 강조했다. 그리고 "우리가 허락을 해줘서 이런 공사가 가능했던 것이다. 그래서 길을 내려면 더 넓게 내어달라고 요구했다"라고 말했다. 길 확장에 대한 주민들의 요구가 있었던 것이다.

관광사업의 관점에서 바라볼 것인가 국가유산이나 생태적 관점에서 바라볼 것인가. 전자의 관점으로 보면 신작로에 가까운 길을 내 관광객들이 편하게 이용할 수 있는 산책로를 만드는 것이 맞는 선택일 수 있다. 반대로 후자의 관점으로 보면 원래의 오솔길을 살려야 한다. 그래야 생태적으로 문제를 일으키지 않고 반복적인 수해 피해를 막을 수 있기 때문이다. 그런데 오솔길로도 충분히 길의 역할을 할 수 있고 이미 다른 우회로도 존재하기 때문에 나는 아무리 봐도 이 산지 벼랑의 오솔길을 확장해서 새로운 길을 만들 명분이 없어 보인다.

필요한 것은 행정부의 결자해지

그렇다면 행정이 가치판단을 해야 한다. 어느 것이 더 옳은 길일까를 생각해야만 한다. 그런 면에서 예천군의 선택은 아쉽기 그지없다. 이에 대해 한국문화유산정책연구소 황평우 소장은 다음과 같이 문제의 원인을 진단하고 행정부의 역할을 요구했다.

> 예천군과 국가 문화재를 관리하는 문화재청의 무심함과 무책임함이 빚은 참사다. 애초에 오솔길이었던 곳을

감입곡류嵌入曲流 사행蛇行하천의 아름다움을 간직한 회룡포.

2017년 탐방로로 정비할 수 있도록 허락한 문화재청의 책임이 더 크다. 그로 인해 문제가 더 확대된 측면이 있기 때문이다. 그러므로 행정 부처가 결자해지해야 한다. 원래 이곳에 걸맞은 오솔길 정도로 복원하지 않으면, 이 길을 폐쇄하는 방안까지 고려하는 과감한 조치가 필요하다. 그것이 문화재를 관리하는 국가기관이 해야 할 일이라고 생각한다.

국가 명승 회룡포가 마치 이빨이 빠진 것처럼 숭숭 망가져 가고 있다. 행정부의 총체적 관리가 시급히 필요해 보이는 이유다.

누구를 위한 댐인가

악취가 코를 찔렀다. 낙동강에서 비슷한 냄새를 맡은 적이 있다. 대구 달성군 구지면 이노정 앞이었다. 이노정 앞 낙동강에 녹조가 심각했는데 꼭 이런 냄새가 났다. 녹조가 죽어 부패하면서 나는 썩은 냄새였다.

영주댐에서 발생한 강력한 녹조와 에어로졸

2022년 9월 18일, 악취가 풍긴 곳은 경북 영주시 영주댐 옛 평은마을 초입에 해당하는 위치였다. 이곳에 심각한 녹조가 발생해 지독한 냄새를 뿜어내고 있었다. 악취는 물가보다 한참 위에 있는 도로변에서도 느껴질 정도였다. 물가까지 내려가서

고약한 냄새를 풍기는 녹조 발생 현장.

현장을 보니 상황이 생각보다 심각했다. 죽은 물고기와 함께 떠밀려 온 녹조 곤죽이 부패하면서 덩어리째 켜켜이 쌓여 말라비틀어져 가고 있었다. 냄새의 진원지였다. 물 가장자리 쪽도 마찬가지였다. 녹조가 그리는 유화 같은 그림이 앞에 펼쳐져 있었다.

가을에 이와 같은 심각한 녹조가 발생할 줄은 생각지 못했다. 더군다나 태풍도 지나간 상태였다. 그런데도 결국 강의 정체가 녹조를 발생시킨 것이다. 주변 도로 옆엔 민가도 있는데 악취 피해가 있을 것으로 보였다. 동시에 또 하나 우려되는 점은, 당시 낙동강에서도 심각한 문제로 대두되고 있던 녹조 독

문제였다. 연구에 의하면, 녹조를 발생시키는 남조류*와 그 독이 에어로졸 형태로 날아다닌다고 한다. 냄새가 난다는 것은 그러한 녹조 독의 미세입자가 콧속으로 들어간다는 이야기다. 주민들이 유해 물질에 노출되고 있는 셈이다. 영주댐 주변에는 신 평은마을, 신 금강마을, 신 동호마을 이렇게 세 마을이 있고, 개별 가구도 댐 주변 곳곳에 흩어져 있다.

녹조가 창궐해도 농사짓고 낚시하고

이 물로 농사짓는 농가도 있다. 그 농민들은 댐에서 조금 떨어져 있는 농가들인데, 장중덕 금강마을 이장의 말에 따르면 수로가 완공되고 영주댐의 물이 공급되면서 그 물로 댐 주변 농민들이 농사를 짓고 있다. 이렇게 심각한 녹조가 발생한 물로 농사를 짓는다면 녹조 독이 농작물에 그대로 전이될 텐데 이 문제는 또 어떻게 할 것인가. 농민들은 이런 사실을 알고 있을까.

이런 걱정을 안고 영주댐 일대를 둘러봤다. 녹조가 핀 곳에서 낚시하는 이들도 보였다. 아마도 녹조 문제에 대해 들어보지 않았거나 별로 심각하게 여기지 않고 있을 가능성이 크다. 후자일 가능성이 큰데 이는 국가가 나서서 그 위험성을 제대로 알려주고 있지 않기 때문에 벌어지는 일이라고 생각한다.

* '시아노박테리아' '남세균'이라고도 한다.

녹조가 가득한 영주댐 상류에서 낚시를 하고 있는 모습.

미국의 경우, 마이크로시스틴*이 20피피비**를 초과하면 물 접촉 자체를 금하고 있다. 영주댐처럼 악취가 풍길 정도의 녹조가 발생했다면 마이크로시스틴의 농도가 20피피비보다 높을 가능성이 매우 크다.

---

* 남조류가 생산하는 독소.

** 농도의 단위. 1피피비ppb는 10^{-9}으로, 1피피엠ppm의 1000분의 1이다.

양수장도 둘러봤다. 강이 흐르는 방향으로 두 곳의 양수장이 확인됐다. 역시 두 곳 모두 심각한 녹조가 발생한 상태였다. 녹조가 창궐한 강물이 이 양수장을 거쳐 그 일대 논과 밭으로 들어갈 것이다.

국가의 역할은 무엇인가

국가가 나서서 정확히 알려줘야 한다. 녹조 독이 얼마나 위험하고 그것이 영주댐에서 얼마나 심각하게 발생하고 있는지를, 사실 매일 체크해야 하는 것이 국가의 역할이다. 그런데 그러한 책임이 있는 환경부는 강 건너 불구경하고 있는 듯하다.

영주댐에 물을 가두면 심각한 녹조가 발생한다는 것은 이미 2017년에 확인된 사실이다. 당시 영주댐의 심각한 녹조가 사회문제로 대두되니 2018년 김은경 환경부장관은 영주댐에 물을 채우지 말고 물을 흘려보낼 것을 지시했다. 심각한 녹조에 대한 긴급하고 적절한 대응을 한 셈이다. 그런데 그다음으로 임명된 조명래 장관이 발전설비 점검을 목적으로 영주댐에 물을 채웠다. 설비 점검이 끝나면 채운 물을 바로 빼기로 약속을 했지만 그 뒤로 방류는 없었다. 그 이후로 거의 매해 심각한 녹조 사태가 발생하고 있다.

그 결과 인근 주민들이 녹조 독의 위험에 노출됐다. 특히 영주댐 인근에 살고 있는 주민들은 굉장히 심각한 상황에 처해 있다. 환경부는 약속대로 영주댐에 가둬두고 있는 물을 모두 빼야 한다. 그것이 녹조 독의 위험과 공포에서 벗어나는 유일한 길이다.

하늘에서 보면 이 상황을 좀 더 입체적으로 파악할 수 있지 않을까. 운문양수장 앞에서 드론을 띄웠다. 하늘로 올라간 드론은 영주댐의 상황을 실시간으로 보여줬다. 영주댐 본댐에서 보조댐인 유사조절지까지 모두 강물이 짙은 녹색이었다. 13킬로미터 구간에 녹조가 창궐한 것이다. 댐 주변 곳곳에 새로 들어선 마을들도 보인다. 평은마을과 금강마을, 동호마을 옆에 모두 짙은 녹조가 발생했다. 주민들의 안전은 누가 책임질 것인가.

영주댐 인근 주민들, 영주댐 물로 농사짓는 농민들에게 이 사태에 대해 가감 없이, 정확하고 정직하게 알려야 한다. 주민들 스스로 이 사태에 대처할 수 있도록 말이다. 국민의 안전과 생명이 달린 문제다. 환경단체와 하천 전문가들에 따르면 해결은 의외로 간단하다. 다름 아닌 영주댐의 수문을 열어 물을 빼고 내성천을 흐르게 하는 것이다. 그러면 녹조 문제가 해결될 것이고 자연스레 모래 강 내성천도 예전 모습을 되찾게 될 것이다.

'수질개선용'이라는 거짓말

아침저녁으로 제법 쌀쌀해지며 완연한 가을로 접어든 지난해 10월 1일, 영주댐은 이전 해와 별반 다르지 않은 상태였다. 가을이 완연한 날씨임에도 2022년과 같이 녹조가 심각했기 때문이다. 하늘에서 보니 영주댐으로 만들어진 영주호 자체가 완

녹조가 가득한 영주댐의 전경. 가운데 섬처럼 생긴 지역에 신 금강마을과 신 동호마을 그리고 문화재 이주 단지가 들어서고 있다.

전 녹색이었다. 어디가 산이고 어디가 호수인지 구분이 안 갈 정도였다.

수몰민들이 새로 만든 이주 마을인 신 동호마을과 문화재 이주 단지, 신 금강마을 그리고 신 평은마을이 차례로 보이는데 그 주변이 완전 녹색이었다. 이들 이주 마을은 녹조가 핀 영주호 지척에 위치해 있고, 이곳의 주민들은 영주호와 함께 살아간다.

현장을 보다 입체적으로 관찰하기 위해서 가까이 접근했다. 영주호의 물을 농업용수로 끌어 쓰는 운문양수장의 취수구 쪽으로 내려갔다. 녹조가 가장자리 쪽으로 몰려와 짙게 피어 있었다. 컵으로 물을 한 컵 떴다. 그런데 물은 한 방울도 없고 전체가 녹조 곤죽이었다. 악취까지 강하게 풍겼다. 오래 그곳에 머물 수가 없을 정도였다. 녹조 곤죽 영주호의 실체를 다시 한번 목격한 순간이었다.

그런데 놀라운 점은 영주댐의 목적이 낙동강 수질개선이라는 것이다. 그렇다. 영주댐은 수질개선을 위한 유지용수를 내려보낼 목적으로 지어진 댐이다. 그런데 녹조가 창궐한 이 물로 낙동강 수질을 어떻게 개선한다는 말인지 의아할 따름이다. 오히려 녹조를 일으키는 남조류가 득실거리는 물을 낙동강으로 흘려보내니 낙동강에 녹조의 싹을 인위적으로 집어넣고 있는 셈이 된다. 이날 환경부(수자원공사)는 영주댐 수문을 두 개나 열어서 열심히 물을 방류하고 있었다. 낙동강으로 녹조의 싹이 흘러드는 현장이었다.

설상가상으로, 녹조가 가득한 물로 생산한 수돗물과 그 물로 농사지은 농작물에서도 녹조 독이 검출됨으로써 녹조가 단지 미관상의 문제를 넘어서 우리 일상생활에까지 심각한 영향을 끼치고 있음이 계속해서 밝혀지고 있다. 거기에 더해 2022년엔 낙동강으로부터 1킬로미터 이상 떨어진 아파트 인근 공기에서까지 녹조 독이 검출되어 녹조 독 에어로졸의 공포가 일상으로 다가왔음이 밝혀졌다. 그렇다면 녹조가 창궐한 낙동강 바로 지척에 살고 있는 사람들은 녹조 독을 일상적으로 흡입하고 있을 수도 있다는 얘기가 된다.

목적을 상실한 댐

마찬가지로 영주댐 주변에 살고 있는 수몰 이주민들 또한 영주호에서 날아오는 에어로졸을 통해서 일상적으로 녹조 독을 흡입할 가능성이 높다. 이를 어떻게 할 것인가. 실상이 이러한데 지난해 8월 환경부는 정식으로 영주댐 준공을 승인했다. 문화재 이주 단지가 아직 완공이 안 됐음에도 국민권익위원회가 중재에 나서 준공 승인이 떨어진 것이다. '꼼수 준공'이란 비판이 나오는 이유다. 댐 법*보다 상위 법인 문화유산법에 의거하면 이는 절차상 문제가 있는 것으로, 향후 법적 다툼의 대상이 될 것으로 보인다.

이렇듯 절차적 문제를 안고 태어난 영주댐은 수질개선은커녕 내성천의 수질을 악화시킬뿐더러 결과적으로 낙동강의 수질까지 악화시키고 있다. 애초에 영주댐을 만들지 않았다면 내성천은 연중 1급수 물을 낙동강으로 흘려보내 낙동강의 수질을 일상적으로 개선했을 것인데, 참으로 어리석은 짓을 한 셈이다. 이 영주댐을 위해서 들인 국민 혈세가 약 1조 1000억 원

* 댐건설·관리 및 주변지역지원 등에 관한 법률.

영주댐 상류 13킬로미터 지점에 위치한 보조댐 유사조절지 아래에도 녹조가 창궐했다.

이고, 이 댐으로 529세대의 수몰민이 생겼으며, 1000년 역사를 자랑하는 금강마을을 비롯 몇 개의 전통 마을이 수장됐다. 무엇보다 우리 하천 원형의 아름다움을 간직하고 있었던 내성천이 망가지는 아픔을 겪었다. 특히 영주댐이 들어선 자리는 '운포구곡'이란 별칭으로도 불리는, 감입곡류 사행하천의 특징을 가장 잘 보여주는 내성천에서 가장 아름다운 협곡 구간이었다. 영주댐으로 인해 그런 내성천의 비경이 완전히 사라진 셈이다. 그런데 이런 천문학적인 혈세와 수많은 희생으로 얻은 것이 '녹조 곤죽'이다. 결국 고인 물은 썩는다는 만고의 진리를 확인하기 위해서 우리 사회는 너무 큰 사회적 비용을 치른 것이다. 이것이 영주댐이 준공되었음에도 영주댐 철거의 목소리가 여전히 높은 이유다.

"영주댐은 목적을 상실한 댐이니 하루빨리 허물어 내성천을 되살린 뒤 생태관광의 메카로 만들고 지역 경제도 회복시키자는 것"이 환경단체들의 한결같은 주장이다. 아직도 많은 관광객들이 '물돌이 마을'로 유명한 무섬마을과 회룡포마을을 찾고 있는 것을 보면 알 수 있다. 이들 마을은 내성천이 빚어놓은 은빛 백사장 덕분에 명성을 얻었는데, 영주댐을 해체하면 그와 같은 사행하천의 모습이 드러나며 곳곳에 백사장이 생겨날 것이다.

영주댐을 허물고 내성천을 국립공원으로 만들어 국가가 관리해 나간다면 지금보다 더 체계적으로 내성천을 관리하게 될 것이고, 그렇게 된다면 제2, 제3의 무섬마을과 회룡포마을이 나와서 지역 경제를 더욱 살찌게 할 것이다. 영주 지역민들도 덮어놓고 '영주댐 준공 축하' 현수막을 내걸 일만은 아닌 것이다. 무엇이 영주 지역의 진정한 발전이 될지 실사구시적으로 판단을 해봐야 한다. 적어도 댐으로 관광 오는 시대는 지났기 때문이다. 오히려 자연과의 충분한 교감이 관광의 포인트가 되는 세상이 아닌가. 국립공원 내성천은 충분히 경쟁력이 있다. 녹조 곤죽 영주댐을 택할 것인가, 국립공원 내성천을 택할 것인가. 그 선택의 기로에 놓였다.

현저히 낮아진 비용편익비*

영주댐에 대한 비판의 목소리가 나오는 가운데 영주댐 관련 논문이 한 편 발표됐다. 2022년 8월 서울대학교 환경대학원 등에 소속된 연구진은 영주댐의 사후 경제성을 분석한 결과를 담은 「외부효과를 고려한 영주댐 사업의 사후 경제성 평가」라는 논문을 『한국거버넌스학회보』에 게재했다.

> 영주댐에 대한 기존 비용편익분석에는 비판지점들이 다수 존재하였으며, 특히 수질개선편익을 댐의 편익으로 산정하는 것은 반드시 신중하게 고려해야 한다는 것을 보여주었다. 또, 비판적인 재분석 결과, **순편익은 -12,496억원, 비용편익비는 0.036으로 산출**되었는데 이마저도 현재의 수질 악화 경향이 지속된다면 순편익은 계속 감소할 가능성이 있었다. 따라서 지금 시점에서 영주댐의 경제성은 거의 없기 때문에 향후 영주댐 재자연화(댐 제거) 논란은 가속화될 것으로 보인다.[1]

* 비용의 현재 가치에 대한 편익의 현재 가치 비율.

구 분	기존 경제성 분석 결과 (억원, 2007년 기준)	본 연구 결과 (억원, 2017년 기준)	산출방법
총비용	7,082	12,961	
건설비	-	11,000	2017년 기준 실제 건설비용
외부비용 소계	-	1,961	
수질악화비용	-	1,836	하천유지기준 평균 유량을 정화하기 위한 하수처리장 건설 및 유지비용 산출 (분석기간 50년, 할인율 30년 5.5%, 20년 4.5%)
녹조 외부비용	-	125	영주댐 인근지역녹조 발생 WTP금액 산출 (분석기간 50년, 할인율 30년 5.5%, 20년 4.5%)
총편익	7,189	465	
농업용수	-	-	
생공용수	603	282	완공 후 5년 뒤부터 공급한다고 가정 (할인율 30년 5.5%, 20년 4.5%)
홍수조절	12	-	홍수조절 기능 없음
발전편익	134	187	완공 후 5년 뒤부터 발전한다고 가정 (할인율 30년 5.5%, 20년 4.5%)
수질개선	6,440	-	수질악화로 수질개선편익 없음
순편익	107	-12,496	
비용편익비(B/C)	1.105	0.036	

타당성 재조사 결과와 비용편익 재산정 결과 비교[2]

논문에 따르면, 영주댐의 사후 경제성 분석에서 영주댐의 비용편익비는 고작 0.036이었다. 2007년 경제성 분석에서 비용편익비가 1.105로 나온 것과 비교하면 현저히 낮은 수준이다. 이어 논문은 "50년 간 영주댐 유지에 따른 외부비용(1,961억원)은 댐 제거비용을 상회할 것으로 예상된다"[3]라고 밝히고 있다.

통상적으로 예비 타당성 조사 등에서 비용편익비가 1 이상이어야 사업이 추진된다는 점을 감안했을 때, 영주댐 사업은 애초에 진행하기 어려운 사업이었던 것으로 사료된다.

더불어, 본 연구에서는 선행 타당성 조사의 주요한 문제점이라고 생각되는 수질과 녹조에 대한 비용만을 재산정 하였지만, 다음과 같은 비용을 추가적으로 생각해볼 수 있다. 첫 번째, 댐건설로 인하여 내성천 모래가 유실되고 종 다양성이 감소함에 따라서 내성천의 내재적 가치가 감소한 것에 따른 비용이 있을 수 있다. 두 번째, 내성천의 주요 관광지인 회룡포의 평균 관광객 수 감소에 따른 기회비용이 있을 수 있다. 영주댐의 모래톱 상실로 인해 회룡포의 경관이 훼손되어 관광객수가 감소할 수 있다. 세 번째, 아직 끝나지 않은 보상 및 이주로 인하여 추가적인 보상비용이 발생할 수 있다. 네 번째, 댐 개발 사업에 대한 사회적 갈등비용이 있을 수 있다. 특히 대규모 개발 사업은 찬성인과 반대인의 갈등을 유발할 수 있다. 마지막으로 물리적인 댐 유지 관리비가 고려될 수 있다. 이는 인건비를 포함한 댐 유지 보수의 비용을 일컫는다. 이러한 비용들은 산정하기 매우 까다롭기 때문에 향후 연구에서 보완해나가야 할 부분이다. 다만 이 비용들을 고려한다면 영주댐 건설의 순편익은 더 작아질 것이다.[4]

또한 위 논문은 선행 타당성 조사의 주요한 문제점이라고 생각되는 수질과 녹조에 대한 비용만을 재산정했기 때문에, 추가로 제기되고 있는 문제들까지 고려하여 비용편익을 산정하면 비용편익비가 더 낮아질 수 있다고 설명한다. 영주댐 건설로 인하여 내성천 모래가 유실되고 생물다양성이 감소함에 따라 내성천의 내재적 가치가 감소한 것에 대한 비용이나, 내성천의 주요 관광지인 회룡포의 평균 관광객 수 감소에 따른 기회비용 그리고 댐 개발 사업에 대한 사회적 갈등 비용과 댐 유지 및 관리 비용, 녹조 독소로 인한 건강 피해 등도 포함하면 영주댐 사업의 비용편익비는 더 낮아질 것이란 뜻이다.

영주댐이 바꿔버린 내성천의 풍경

지난 4월 20일, 내성천을 다시 찾았다. 왕버들이 물이 오르는 이 무렵 강은 무척 아름답기에 그 모습을 고스란히 담고 싶었다. 환경단체 활동가로서 지난 2010년부터 그간 내성천을 숱하게 오고 간 이유가 바로 내성천이 선사해 주는 이 같은 아름다움 때문이었다.

올봄엔 유난히 많은 비가 왔다. 이날도 내성천에 비가 내렸고 그 덕에 강물도 불어 있었다. 평소 같으면 신발을 벗고 그대로 강에 들어갔겠지만, 날이 꽤 쌀쌀해 차에 실려 있던 가슴장화를 착용하고 강에 들어갔다. 평소와 달리 제법 많은 강물이 흐르고 있었던 데다 어떤 구간은 수압도 상당해 걸음을 옮기기 쉽지 않았다. 그러나 내성천은 그 힘겨움을 상쇄하고도 남을 정도의 아름다움을 선사해 주었다. 비가 와서 비록 그 빛이 조금 바래긴 했지만, 연초록을 가득 머금은 물오른 왕버들의 풍광은 내성천 경관의 백미를 그대로 느낄 수 있게 해주었다. 한 주만 더 일찍 왔더라면 왕버들 특유의 연초록빛 아름다움이 내성천 모래밭 위로 고스란히 펼쳐지는 장관을 볼 수 있었을 것이다. 물론 초록의 왕버들과 모래톱 위를 스치듯 흘러가는 내성천 물길이 만들어낸 이날의 풍광도 아름답기는 마찬가지였다.

내성천은 이런 강이다. 모래의 강이자 왕버들의 강이다. 강 가운데는 끝도 없이 펼쳐진 모래톱이 있고, 맑은 물이 그 위를 스치듯 흐른다. 그리고 강변엔 병풍처럼 펼쳐진 아름드리 왕버들 군락이 자리 잡고 있다. 우리 하천의 경관 중에서도 단연 으뜸가는 아름다움을 이곳 내성천은 간직하고 있다. 물론 2016년 영주댐 완공 이후로는 이런 풍광을 보기 힘들어졌지만 말이다.

영주댐에 물을 채우기 시작한 이후 내성천의 변화는 상상 이상으로 심각했다. 댐으로 막혀 물과 모래가 더는 흐르지 않으니 댐 아래서부터 모래는 쓸려 내려가고 자갈돌만 남게 되었다. 그 자리를 새로운 모래가 덮어주지 않으니 풀과 나무가 자리 잡기 시작해 무성한 식생을 자랑하는 습지 형태의 강으로 빠르게 변해갔다. 아름다운 해변 백사장을 방불케 하던 모래톱은 풀과 버드나무 들로 뒤덮이기 시작하며 내성천 고유의 경관을 잃어가기 시작했다. 우리 하천 고유의 모습 중 하나인 모래 강의 원형을 간직하고 있던 내성천이 그 모습을 급격히 잃게 된 것이다.

그나마 옛 모습을 온전히 간직하고 있는 장소가 몇 곳 남아 있는데, 그중 하나가 이날 찾은 회룡포 상류 왕버들 군락지이다. 강가에 왕버들이 자리를 잡은 채 오랜 세월이 흘러 자연히 아름다운 하천 숲의 형태가 되었다. 이맘때 그 모습이 너무 아름다워서 사진으로 담아두기 위해 꼭 이곳을 찾는다.

사실 내성천은 곳곳에 이런 보물과도 같은 경관을 간직하고 있다. 그래서 경관이 백미인 강 중에서도 으뜸으로 꼽히기도 한다. 2008년 국토해양부로부터 국내 가장 아름다운 하천으로 선정되는 영예를 얻기도 했다. 국가가 선정한 최우수 하천이 국가가 저지른 잘못된 사업으로 인해 그 원형을 급격히 잃

회룡포 상류 지점. 한쪽에는 모래톱, 한쪽에는 왕버들 군락이 펼쳐져 있다.

어가고, 강 생태계 또한 망가져 가고 있는 이 어처구니없는 아이러니가 또 어디 있을까.

지금 상황을 보면 영주댐으로 낙동강 수질을 개선하는 건 요원한 일로 보인다. 앞서 설명했듯, 이처럼 목적을 상실한 댐으로 인해 우리가 잃은 것은 댐 건설에 들어간 국민 혈세 1조 1000억 원을 능가한다. 그럼에도 아직 늦지 않았다. 하루빨리 댐을 허물면 내성천은 충분히 되살아날 수 있다. 실제로 댐이 사라진 뒤 옛 모습을 되찾은 강의 사례는 전 세계에 매우 많다. 더 망가지기 전에 하루빨리 조치를 취해야 한다.

2부

낙동강 협곡의 초토화

낙동강 물고기의 떼죽음

지금으로부터 7년 전인 2017년 7월 3일 새벽, 다급한 연락이 날아들었다.

"정 국장님, 지금 안동댐인데, 물고기 수천 마리 아니 수만 마리가 몰살당했습니다. 빨리 좀 와주십시오."

물고기들의 떼죽음과 연이은 백로, 왜가리의 집단 폐사에 대해 계속해서 알려오던 낙동강환경사랑보존회 이태규 회장의 연락이었다. 그런데 그와 같은 대규모 떼죽음 소식을 전한 것은 또 처음이라 현장으로 달려가 보지 않을 수 없었다. 안동댐은 영남의 젖줄인 낙동강의 상류에 지어진 댐으로 이곳의 수질에 문제가 생긴다면 1300만 영남인의 식수원 낙동강의 수

붕어는 오염된 물에서도 비교적 잘 살아가는데도 떼죽음했다.

질에도 문제가 생기기 때문에 수만 마리 물고기의 떼죽음 사태는 매우 우려스럽기 그지없었다.

그날 오전 다다른 경북 안동 도산면 동부리 선착장은 가뭄으로 물이 빠져 있었다. 거기에서부터 펄을 한참 걸어 들어가 도달한 안동댐에는 물고기 수천 마리가 떼죽음하여 사체가 가장자리에 널브러져 있었다. 현장에서 확인한 것만 수천 마리로 물 위에 떠 있는 것이나 반대편 가장자리로 밀려간 것까지 모두 합치면 족히 만 마리는 넘어 보였다. 주로 붕어였고 간간이 메기와 잉어가 보였으며 성어에서부터 치어까지 다양했다. 안동댐이 생긴 이래로 아마도 그날 가장 많은 물고기가 죽어나지 않았나 싶다. 그런데 갑자기 왜 그렇게 많은 물고기가 죽은 것일까. 현장에 함께 있던 한국수자원공사 안동권관리단 관계자도, 안동시 공무원도, 경상북도 관계자도 정확한 사인을 말해주지 못했다.

이날 물고기가 떼죽음한 지점에서 안동시가 실시한 검사에서 용존산소량DO이 10피피엠으로 나왔다. 이는 더러운 물에서도 비교적 잘 사는 붕어와 잉어의 최소 용존산소량 4~5피피엠을 넘는 수치로, 산소 결핍으로 인한 떼죽음이 아니란 소리였다. 물론 장담할 수는 없다. 물고기가 떼죽음한 시점이 조사 시점보다 앞서 있기 때문이다. 그래서 안동시는 정확한 폐사 원인 파악을 위해서 죽은 물고기 10여 마리와 물 두 통을 수거해 국립과학수사연구원과 국립환경과학원에 발송했다.

중금속으로 오염된 낙동강

사실 그 이전에도 안동댐 물고기들의 집단 폐사는 꾸준히 일어나고 있었다. 대체 이유가 무엇일까.

안동댐 물고기 대규모 폐사 전해인 2016년, 일본 도쿄농공대학 와타나베 이즈미 교수가 안동댐 인근의 수질, 퇴적물과 집단 폐사한 물고기를 분석했는데, 카드뮴, 비소, 셀레늄, 납, 아연, 망간 등에 의한 고농도 오염이 관측되었다.[5] 환경부도 그해 10월 낙동강 상류에서 물고기 스물다섯 마리를 잡아 분석했는데, 물고기 체내에서 매우 높은 수준의 중금속이 검출되었다고 한다.[6] 안동댐이 그야말로 중금속 침전조가 된 것이다.

지역 환경단체에서는 물고기 떼죽음의 원인으로 인근 제련소에서 흘러나와 안동댐의 수질을 오염시킨 중금속을 지목했다. 그러나 폐사 원인을 조사한 관련 기관들에서는 이렇다 할 결론을 내지 못했고 원인은 그대로 미궁에 빠졌다.

안동댐의 물고기와 조류의 떼죽음은 다음 해에도 그다음 해에도 연례행사처럼 이어졌다. 댐을 관리하고 있는 한국수자원공사의 근심도 깊을 터다. 설상가상 이 댐에서 해마다 물고기가 죽어나고 있으니 말이다. 2017년 물고기 집단 폐사 이후 봉화군에는 어패류 포획 및 섭취를 금지하는 현수막이 걸렸다.

그러던 중 2022년 5월 5일 환경부에서 낙동강 상류 수질·퇴적물 측정 결과를 공개했다. 자료에 따르면 안동댐 근처 조사지점 세 곳 중 한 곳에서 '나쁨' 등급, 두 곳에서 '매우나쁨' 등급에 해당하는 카드뮴 수치가 나왔다. 그리고 놀랍게도 보고서에서는 카드뮴의 기원으로 인근 제련소를 지목했다.* 환경단체의 우려가 점차 사실로 드러나고 있었다.

저서생물 전멸과 나무들의 집단 고사

영주-태백 간 고속국도를 달리면 열목어** 남방한계선이 있는 백천계곡이 나온다. 백천계곡 옆 봉화열목어마을을 끼고 달리

---

* "연구 결과, 안동댐 상류 퇴적물의 카드뮴 오염에 미치는 석포제련소의 기여도는 제련소 부근에서 77%~95.2%, 40㎞하류에서 67%~89.8%로 추정되었다."(물환경정책관실 수생태보전과, 「낙동강 상류 수질·퇴적물 측정 결과 공개」, 환경부, 2022년 5월 4일.)

** 연어목 연어과의 민물고기.

환경부에서 실시한 물고기 조사에서 다량의 중금속 성분이 검출된 이후 봉화에 내걸린 현수막.

면 육송정삼거리에 다다른다. 이곳은 백천계곡과 낙동강 유역의 최상류 하천 황지천이 만나는 곳이다. 백천계곡의 맑고 시원한 물과 태백시를 거쳐 지나온 상대적으로 덜 깨끗한 물이 만나 비로소 낙동강다운 모습으로 흐른다. 이곳에서 백천계곡의 합수머리에 들어가 볼 수 있다.

1급수 청정수역답게 백천계곡의 물은 맑고 시원했다. 바닥이 훤히 보일 정도로 깨끗했으며, 바닥과 바위 위에는 날도래와 다슬기 같은 저서생물들이 있었다. 그런데 이런 저서생물들이 제련소 직전까지는 바글바글한 반면, 제련소 제1공장을 지나는 순간 완전히 사라진다. 여러 환경단체에서는 제련소의 영향으로 추정하고 있다.

육송정삼거리의 맑은 풍광을 뒤로하고 남쪽으로 달리다 보면 금세 제련소에 다다랐다는 것을 깨달을 수 있다. 일반적인 산의 풍경과 사뭇 달라지기 때문이다. 제련소에 가까워지면 한눈에 보기에도 건강하지 않은 나무들이 드문드문 박혀 있는 광경이 눈에 들어오게 된다.

이들 식생의 상태는 제1공장 뒤편 산에 다다르면 절정을 이룬다. 이곳은 나무들이 대부분 고사해 버려서 거의 민둥산이 된 채 방치되어 있다. 그 정도가 얼마나 심한지 산 자체가 무너져 내리는 중이다. 이런 광경은 제2, 제3공장을 따라 계속 나타난다.

왜 이런 사태가 발생하는가? 제련소의 90여 개 굴뚝에서 일제히 뿜어내는 아황산가스 때문으로 추정된다.* 오랫동안 제련소 문제를 추적해 온 한 대책 위원회 위원장의 설명은 이렇다.

---

* "'낙동강 상류 환경관리협의회'(협의회)는 2018년 3월부터 2022년까지 5년에 걸쳐 석포제련소 주변 환경 오염에 대한 연구와 조사를 진행했다. 조사 결과, 영풍 석포제련소가 대기로 배출한 아황산가스와 질소산화물이 수증기와 결합해서 생긴 산성비가 주변 산림을 대부분 고사시킨 것으로 나타났다."(남준기, 「"영풍 석포제련소 '통합환경허가' 불허하라"」, 내일신문, 2022년 12월 14일.)

제련소 상류 강바닥 바윗돌에 붙은 다슬기들.

제련소 제3공장 앞에 다다르면 강바닥 바윗돌에서 저서생물을 찾아볼 수 없다.

이 공장에서는 아연을 제련하기 전 황화아연을 전기분해해서 아연을 추출하는데 그때 상당한 열이 발생한다. 그래서 물을 뿜어주는데 그것을 포집한 것이 황산이고 증기는

제련소 제1공장 뒷산의 모습. 나무들이 고사해 흘러내리면서 민둥산이 되어가고 있다.

날아가게 된다. 이때 발생하는 증기가 아황산가스다. 이 아황산가스가 날아가 주변의 나무와 식물들을 고사시켜 버렸다. 그래서 제1공장 뒷산이 민둥산이 되어 흘러내리고 있는 것이다.

낙동강 발원지를 찾아서

아황산가스로 매캐한 공기를 뒤로하고 낙동강 발원지를 향해 차를 돌리면 20분도 채 되지 않아 태백시에 다다른다. 반가운 구문소求門沼*를 지나 태백시 안으로 들어가면 시가지를 끼고 바로 옆으로 황지천이 흐른다. 아무래도 도시를 통과해서 나오는 물이라 그리 깨끗해 보이진 않는다. 물론 과거에 비하면 많이 깨끗해진 것이다. 탄광이 성업할 때는 시꺼먼 물이 흘렀다고 한다.

이런 황지천을 따라 조금만 더 올라가면 1300리 낙동강 대망의 시발점인 연못 '황지'에 다다른다. 황지, 낙동강의 발원지다. 공원처럼 꾸며진 황지연못에 다다르면 '黃池(황지)'라고 쓰인 큰 바위와 "洛東江(낙동강) 千三百里(천삼백리) 예서부터 시작되다"라고 쓰인 두 개의 큰 바위를 만나게 된다. 바위 바로 옆이 황지연못이다.

물길부터 예사롭지 않다. 에메랄드빛의 황지에선 매일 5000톤의 맑은 물이 샘솟는다고 한다. 그래서 그런지 그 모습이 영험해 보이기까지 한다. 바로 이 용솟음에서부터 낙동강이 비롯된다. 물줄기는 상지, 중지, 하지 세 개의 연못으로 구성된 곳에서부터 모여 실개천이 되어 흐른다. 이것이 황지천의 시

---

* 구멍이나 굴을 뜻하는 옛말 '구무'를 한자로 옮긴 '구문求門'과 물웅덩이를 뜻하는 '소沼'가 합쳐진 말로, 강이 산을 뚫고 흐르는 지형을 이르는 말이다. 황지천과 철암천이 만나는 곳에 있으며, 물길이 낙동강으로 이어진다.

1300리 낙동강의 발원지 황지연못.

작이자 낙동강의 원류이다. 그동안 복개되어 있던 실개천을 태백시에서 복원해 뒀다. 그곳에서 아이들이 맨발로 들어가 노닐고 있다. 평화로운 모습이다. 황지천은 그렇게 사람들과 어울리면서 흘러가고 있었다.

이 황지연못에서 직선거리로 불과 약 16킬로미터 떨어진 곳에 제련소가 자리 잡고 있다. 발원지로부터 불과 16킬로미터다. 여전히 낙동강의 최상류라 볼 수 있으나 그곳의 모습은 이곳과는 완전 딴판이다. 1970년 낙동강 협곡에 자리를 잡은 후로 반세기 동안 영남의 젖줄이자 1300만 영남인의 식수원인 낙동강에 영향을 끼쳐온 제련소, 영풍 석포제련소가 자리하고 있는 석포리의 이야기다.

어느 제련소 이야기

지난해 4월 29일 오랜만에 경북 봉화의 영풍 석포제련소를 찾았다. 대구에서 차로 세 시간 거리여서 큰맘 먹지 않으면 찾지 못하는 곳이다. 제련소가 있는 봉화 석포면 석포리는 여전히 디스토피아 도시에 온 듯한 착각이 들게 했다. 단일 공장이 거의 공단 규모로 낙동강 협곡을 끼고 들어서 있어, 그 모습을 보는 순간 놀란 입을 다물지 못하게 된다. 이 오지에, 낙동강 최상류 협곡에 어떻게 이런 규모의 공장이 들어설 수 있는지 무척 의아할 따름이다. 공장에서는 계속해서 아황산가스가 뿜어져 나오고, 공기는 매캐해 오래 있으면 코가 따가울 정도이다.

제련소가 들어서기 전에 이곳은 감입곡류 지형의 특징을 잘 보여주는 아름다운 협곡이었다. 그러나 지금은 나무들이 고사했고 산 사면이 무너져 내리며 산사태가 일어나는 위태로운 모습만 보여줄 뿐이다.

석포리의 옛 모습을 짐작해 보고 싶다면 강을 따라 아랫마을인 승부리로 내려가면 된다. 석포리를 벗어나 승부리로 들어서는 순간 다시 아름다운 협곡의 모습, 맑은 강물이 흐르는 낙동강 상류의 모습을 마주하게 될 것이다. 그 모습이 제련소 마을인 석포리의 옛 모습, 제련소가 나간 뒤 석포리가 되찾게 될 '오래된 미래'이다.

낙동강을 물들인 중금속은 어디에서 오는가

그로부터 3개월 뒤인 7월 30일 다시 한번 영풍 석포제련소를 다녀왔다. 전날 대구환경운동연합 운영위원회 워크숍으로 봉화 석포면을 찾았다가 영풍 석포제련소 현장으로 향한 것이다. 협곡은 석포역 입구에서부터 갑자기 낯선 풍경을 연출한다. 마치 거대한 중화학공업단지에 들어선 듯한 광경이 펼쳐지는데 그곳이 바로 영풍 석포제련소다. 물돌이 지형을 따라 제1공장과 제2, 제3공장이 차례로 들어서 있다. '협곡'과 '공업단지'라는 낙동강 최상류의 이질적 광경은 언제나 입을 다물지 못하게 만든다.

"수증기 발생 지역"이라 적혀 있는 그곳에서 황산 수증기가 하루도 쉬지 않고 계속 뿜어져 나오고 그것이 주변 산지의 식생을 초토화시키고 있다. 그 일대에서 나는 매캐한 냄새의 원

(위)맑은 물이 흐르는 석포리의 아랫마을 승부리. (아래)제련소가 위치한 석포리.

인도 바로 그 수증기였다. 그 수증기가 식물 자체를 자랄 수 없게 한다면, 그런 환경 속에서 사는 사람의 건강은 괜찮을까. "자연이 아프면 사람도 아프다"란 말은 바로 이런 현장에서 비롯되는 것이리라.

공기뿐만이 아니다. 제련소 주변 토양오염도 심각하다. 2015~2016년 한국환경공단이 환경부 의뢰로 조사한 바에 따르면, 제련소 반경 4킬로미터 이내 70만 8980제곱미터에 이르는 토양의 아연, 비소 등 중금속이 우려기준을 초과한 것으로 밝혀졌고[7] 주변 농작물은 카드뮴으로 오염된 것이 확인됐다.[8] 이는 '영풍제련소 주변 환경오염 및 주민건강 피해 공동대책위원회' 임덕자 집행위원장이 정보공개 청구로 입수한 「봉화군 석포면의 농산물조사 결과서」의 내용과도 일치하는 내용이다. 특히 제련 공정에서 나오는 침출수 등이 흘러들고 있는 공장 내 토양오염은 정말 심각한 수준이다. 이 때문에 봉화군은 2015년 영풍 석포제련소 측에 '토양정화 명령'이란 행정 조치를 내리기도 했다.

인근 낙동강의 수질 또한 심각한 수준으로 오염되고 있단 사실이 환경부 조사에서 밝혀지기도 했다. 환경부는 2019년 11월 21일 민관협의체인 '낙동강 상류(영풍제련소~안동댐) 환경관리협의회'의 조사 결과를 발표했는데, 제련소 제1공장 부근 하천 변 고인 물에서 리터당 22.88밀리그램의 카드뮴이 검출되었다는 내용이었다. 이는 하천수 수질환경기준인 리터당 0.005밀리그램의 4576배에 달하는 수치다. 게다가 하천수에서도 높은 수치의 카드뮴이 검출되었고 제1공장 외부 지하수에서는 지하수 공업용수 수질환경기준인 리터당 0.02밀리그램을 최대 1600배까지 뛰어넘는 수치의 카드뮴이 검출되었다.[9] 그리고 이듬해인 2020년 4월 진행한 제련소 특별 점검 결과, 공장 부지 내 지하수에서 카드뮴이 지하수 생활용수 기준의 무려 33만 2650배(리터당 3326.5밀리그램)나 검출됐고,[10] 낙동강 복류수*에서는 하천수 수질환경기준의 15만 4728배(리터당 773.64밀리그램)의 카드뮴이 검출됐다.[11] 이 시기 제련소에서 하루 약 22킬로그램의 카드뮴이 공장 밖 외부 지하수로 유출될 수 있는 것으로 나타났다.[12]

영풍 석포제련소는 이를 시정하고자 제련 공정에 '무방류시스템'을 도입하고 차수벽을 설치했지만, 거기에도 여전히 한계가 있어 우려와 비판의 목소리가 끊이지 않고 있다. 무방류시스템은 공정에서 사용한 물을 방류하지 않는 시스템일 뿐, 공장 안에 내린 빗물은 처리를 거치지 않고 그대로 흘러 나간다. 지하수 차집 시설 역시 실효성이 의문스럽다. 지하수는 강물과 달라서 어디로 흘러갈지 알 수 없기 때문에 일부 땅에 차수벽과 차집 시설을 설치해도 공장의 지하수가 흘러 나가는 것을 원천 차단할 수 없다.[13] 게다가 '영풍 석포제련소 봉화군 대책위원회' 신기선 위원장의 말에 따르면, 그 일대 지하수는 피에이치pH 1의 강산성이라 차수벽이 6개월밖에 버티지 못한다.

* 하천 바닥에 스며들어 흐르는 물.

한편 2018년 2월 기준치 이상의 중금속 오염 폐수를 무단 방류하여 물환경보전법 위반으로 경상북도로부터 20일 조업 정지 명령을 받은 영풍 석포제련소는 처분에 불복해 소송으로 대응했고, 2021년 10월 대법원으로부터 최종적으로 조업 정지 10일 판결을 받았다. 이에 따라 역사상 처음으로 그해 11월 8일부터 열흘간 제련소 가동이 중단됐다. 그리고 현재는 2020년 12월 물환경보전법 위반으로 또 한 번 내려진 60일 조업정지 명령에 대해 취소소송을 내 법정 다툼 중이다.[14]

석포리의 '오래된 미래'를 꿈꾸며

영풍 석포제련소는 지난 10년간 환경 법령 위반 사항만 70여 건에 달한다. 이에 성토의 목소리가 높아졌음에도 환경부는 2022년 말 '3년 내 시설 개선'을 조건으로 제련소 운영을 허가해 주어 환경단체들의 큰 반발을 샀다. 그리고 아니나 다를까, 허가 후 3개월 만에 또다시 영풍 석포제련소의 법령 위반 사항이 적발됐다.[15]

공장은 반세기 이상 되어 낡은 데다, 공장 바닥에 묻힌 엄청난 양의 폐기물 슬러지*에서 나오는 침출수가 지하수를 오염시키고 있다. 그 오염된 지하수가 일상적으로 낙동강으로 흘러들고 있고, 이를 막고자 현재 침출수 차단막 공사를 벌이고 있는 실정이다. 제련소를 방문한 날 그 현장을 목격하기도 했다.

---

* 하수 처리나 정수淨水 과정에서 생기는 침전물.

그러나 이것도 땜질식 처방일 뿐 근본적인 해결책이라 볼 수 없다. 차수벽도 못 막는 침출수를 돌망태로 어떻게 막는단 말인가. 환경부가 영풍에게 시간을 벌어다 준 것에 불과하다.

환경부도 스스로 이런 사실을 너무나 잘 알고 있을 것이다. 그러니 이제는 멈추어야 한다. 시간 끌기용 위장 쇼를 그만하고 바른길을 가야 한다. 그래야 낙동강도 살고 주민들도 살고 낙동강을 기반으로 살아가는 뭇 생명들도 살 수 있다.

제련소 마을인 석포리의 '오래된 미래'를 꿈꾼다. 그것은 낙동강에서 제련소가 사라지는 것에서부터 시작된다. 그렇게만 된다면 자연이 스스로 회복해 나갈 것이다. 그날을 간절히 고대해 본다.

삼동재 범바위전망대에서 바라본 낙동강 협곡. 이것이 낙동강 상류 협곡의 자연스러운 모습이다.

영풍 석포제련소가 자리한 낙동강 협곡의 모습.

산양의 죽음

올 3월 8일과 9일, 천연기념물 산양을 세 번이나 만났다. 평소 야생동물을 좋아했던 터라 기품 넘치는 산양을 언제 한번 만나 볼 수 있으려나 오매불망했는데, 이틀간 세 번이나 목격한 것이다.

멸종위기 야생생물 1급이기도 한 산양은 정말 흔치 않은 존재다. 사람의 손길이 미치지 않는 깊은 산중에 살기에 그곳에 찾아가지 않는 이상 만나기 어렵다. 내가 사는 대구만 해도 깊은 산중이라고 부를 만한 곳이 없어서 산양을 만났다는 이야기를 주변에서 들은 적이 없다.

그런 산양을 강원 태백과 경북 봉화의 접경 지역 황지천이 흐르는 강변에서 한 번, 영풍 석포제련소 하류 승부리 쪽 낙동강 변에서 한 번 만났다. 그리고 그곳에서부터 4~5킬로미터 떨어진 승부역과 양원역 사이 트래킹 코스 길가에서 한 번 또 만났다. 그런데 세 번째로 만난 산양은 죽어 있었다. 죽은 지 그리 오래된 것 같지는 않았다. 멸종위기종이자 천연기념물인 산양이 눈도 감지 못한 채 왜 이곳에서 세상을 떴는지 궁금증이 생겼다.

연이틀 산양의 삶과 죽음을 모두 목격한 흔치 않은 시간이었다. 인간의 공간이라기보다는 야생의 공간에 더 가까운 오지 중의 오지, 낙동강 최상류 협곡의 이야기다. 다만 제련소가 들어서 있는.

공교롭게도 제련소 상류에서 한 번, 하류에서 한 번 산양을 목격했다. 그리고 그보다 더 하류에서는 산양의 죽음을 목격했다. 종합하면, 제련소 구간을 제외하면 모두 산양이 출물하는 첩첩산중이란 이야기다. 앞서 언급했듯 제련소 공장은 1970년에 들어섰다. 벌써 반세기가 훌쩍 넘었다. 아마 그 당시는 지금의 상황과는 사뭇 다른 환경이었을 것이다.

아연 원광석을 제련해서 아연과 황산을 생산하는 제련소가 얼마나 위험한지는 제련소가 있는 석포면에 와보면 알 수 있다. '생명 말살 사태'라 불러도 좋을 만큼 끔찍한 일들이 벌어지고 있기 때문이다. 앞서 설명했듯 금강소나무 군락의 괴멸과 저서생물의 몰살 사태를 먼저 확인할 수 있는데, 그렇다면 이번 산양의 죽음은 이 같은 사태와 무관할까?

어린 산양의 사체가 목격된 곳은 제련소로부터 15킬로미터 하류. 이곳은 다슬기를 비롯한 저서생물이 전혀 목격되지 않는 구간이다. 심지어 물고기도 잘 보이질 않는다. 물을 마시러 산에서 내려온 어린 산양 앞에 놓인 것은 중금속 성분이 녹아 있는 그런 강물이었을 것이다. 그 물을 지속적으로 마시는 것이 동물들에게 어떤 영향을 끼치는지 아직 제대로 밝혀지지 않았다.

전화기 너머로 들려온 험담

앞서 말했듯 산양은 멸종위기 야생생물 1급이자 천연기념물로 지정된 법정보호종이기 때문에 사체일지라도 함부로 처리해서는 안 된다. 사체를 목격하면 바로 관할 지자체나 국가유산청 혹은 환경부에 신고하는 것이 절차다.

산양의 사체를 목격한 3월 9일은 주말이었기 때문에 11일인 월요일이 되어서야 환경부 산하 대구지방환경청에 신고를 했다. 산양의 죽음에 대해 의문이 많은데, 사체가 발견된 바로 상류에 제련소가 있고 그곳에서 방출된 중금속이나 위험물질로 인한 사망이 의심되니 철저히 원인 분석을 해달라며 민원도 함께 넣었다. 신고는 관할 지자체인 봉화군으로 이관됐고 신고로부터 이틀이나 지난 수요일 오후 늦게서야 봉화군 문화재 담당 공무원이 현장에 당도했다. 이어, 사체를 못 찾겠으니 정확한 위치를 알려달라며 나에게 다시 연락해 왔다.

사체를 찾지 못한 것은 사체가 사라졌기 때문이었다. 사체가 사라진 것은 누가 집어 간 것이 아니라 다른 포식자 야생동물에 의해 뜯어 먹혀버렸기 때문이었다. 당시 담당 공무원은 “다리 한쪽의 일부만 남아 있고 나머지는 하나도 없다”라며 현장에서 목격한 사실을 일러줬다.

대구지방환경청에서 봉화군에 신고를 늦게 했거나 봉화군에서 신고를 받고도 현장 대응을 늦게 했거나 둘 중 하나일 것이다. 어느 경우든 문제가 가볍지 않아 보인다. 법정보호종의 관리가 허술하게 되고 있다는 인상을 받을 수밖에 없었다.

그 이후로도 산양의 사체가 목격됐다. 승부역 주변이었는데, 역시 대구지방환경청을 통해 봉화군으로 신고가 들어갔지만 일주일도 더 지나 돌아온 대구지방환경청의 답변은 “아사로 추정된다”였다. 물론 부검조차 진행되지 않았다.

4월 12일에는 로드킬을 당한 산양의 사체가 주민에 의해 목격되어 대구환경운동연합으로 제보가 들어왔다. 그날 오전에 일찍 봉화군에 연락해 천연기념물 산양의 사체 처리를 부탁했다. 그러면서 대구환경운동연합에 들어온 민원이니 처리된 결과를 통보해 달라고 정중히 요청했다. 그러나 돌아온 답변은 “우리도 문화재청에 멸실 신고를 하고 영주에 있는 기관에 통보를 해 처리한다”였다. 처리 결과 회신에 대한 답은 끝내 없었다. 그래서 재차 요구를 했더니 “지가 뭔데 대답을 달라 말라 해! 그때 그 환경단체 금마(그놈) 아이가?” 하는 소리가 전화선을 타고 고스란히 들려왔다. 자기들끼리 하는 민원인에 대한 험담이 민원인에게 그대로 전달된 것이다. 민원에 대한 결과 통보는 기본 중 기본이다. 그런데 그 기본적인 요구를 묵살한 것도 모자라 민원인에 대한 험담까지 자행하는 봉화군의 행정에 탄식이 나왔다.

그러던 중 문제의 산양 사체가 사라졌다는 소식이 그날 오후 다시 제보로 들어왔다. 봉화군에서 미적대는 사이에 누군가에 의해서 처리된 것으로 추정된다. 이는 천연기념물 보호에 관한 법률인 문화유산법과 야생생물법에 저촉되는 행위로 수사 대상이다. 누군가 산양의 사체를 싣고 가 임의로 처리했다면 문화유산법 제92조 1항 "국가지정문화유산을 손상, 절취 또는 은닉하거나 그 밖의 방법으로 그 효용을 해한 자는 3년 이상의 유기징역에 처한다"는 규정에 따라 처벌받거나 야생생물법 제67조 1항 "멸종위기 야생생물 1급을 포획 · 채취 · 훼손하거나 죽인 자는 5년 이하의 징역 또는 500만원 이상 5천만원 이하의 벌금에 처한다"는 규정에 따라 처벌받을 수 있다.

산양의 연이은 죽음 사태나 신고에 대한 봉화군의 황당한 대응은 과연 21세기에 있을 수 있는 행정인지 심각한 의문을 갖게 만든다. 환경단체의 민원에 대한 대응이 이와 같다면 일반인의 민원에 대한 응대는 두말할 필요 없을 것이다. 봉화군의 책임 있는 사태 파악과 수습 그리고 이 사태에 대한 해명과 공식적인 사과를 이 지면을 빌려 요구해 본다.

3부

위기의 금호강

금호강
르네상스 사업

2022년 9월 14일, 대구시는 금호강 르네상스 개발계획에 대한 청사진을 발표했다. '금호강 르네상스' 시대를 열어 '글로벌 내륙수변도시'로 대구를 완전히 바꾸겠다는 포부를 밝히면서, 우선 금호강 르네상스 시대를 열기 위한 큰 그림을 완성시키는 차원에서 선도 사업을 펼쳐가겠다고 설명했다. 그 내용을 자세히 들여다보니 예상했던 것과 한 치도 다르지 않아 적잖이 당황스러우면서 화가 났다. 자연에 대한 배려나 공존, 공생을 위한 비전과 철학은 찾아볼 수 없었다. 오직 인간 편의 위주의 개발 사업들로 가득한 계획이었다.

기적적으로 살아 돌아온 대구의 자식, 금호강

금호강이 어떤 강인가. 산업화 시절 대구의 대표 산업이었던 섬유공업에서 배출되는 온갖 오물과 폐수를 몽땅 뒤집어쓰고 완전히 죽었다가 기적적으로 부활한 '회생의 강' 아닌가. 대구를 동서로 관통하며 흐르는 대구의 상징과 같은 강이었음에도 산업화 시절 대구시에게 매몰차게 버려졌던 강 아니었던가. 그런 금호강이 이제 막 소생의 기지개를 켜려는 이 시점에 대구시는 또 개발계획을 내놓았다. 기적적으로 되살아난 자식 같은 금호강에 메스를 들이대는 것과 무엇이 다른가. 시가 나서서 다시 '삽질'을 하겠다니, 믿고 싶지 않은 일이었다.

금호강은 이미 너무 많이 개발되었다. 대구 구간이 거의 자전거도로로 연결되어 있고, 둔치에는 야구장과 축구장, 오토캠핑장, 파크골프장 같은 각종 체육시설과 여러 주차장, 심지어 물놀이 시설까지 들어와 있다. 지금도 인간 편의를 충분히 도모할 수 있음에도 추가적인 개발 사업을 펼치겠다는 것은 금호강을 두 번 죽이겠다는 것이나 다름없다.

이 척박한 도심에서 야생생물들이 살아갈 수 있는 유일한 공간이 강과 하천이다. 금호강 또한 그렇다. 마실 물과 초지가 있는 삶터, 금호강은 수많은 야생생물의 집이다.

자연에 대한 약탈

대구시에서 발표한 선도 사업은 금호강 르네상스의 마중물 역

되살아난 금호강의 반야월습지.

할을 할 사업들로 '동촌유원지 명품하천 조성 사업' '디아크* 문화관광 활성화 사업' '금호강 국가생태탐방로 조성 사업' 이렇게 세 개였다. 하나씩 살펴보면 이렇다. 첫 번째 '동촌유원지 명품하천 조성 사업'이다. 대구시는 이 사업에 대해 "2026년까지 사업비 450억 원(국비 225억 원, 시비 225억 원)을 투입해 동촌유원지 일원에 생태 수로, 비오톱 복원 및 사계절 물놀이장과

* 대구 달성 다사읍 강정고령보 옆에 조성된 문화시설이다.

금호강 둔치는 이미 각종 운동시설과 오토캠핑장 등이 장악하고 있다.

샌드비치 조성으로 생태·문화·관광이 어우러진 명품하천으로 변모시키"겠다고 밝혔다.[16] 그런데 동촌유원지는 이미 과도한 개발이 진행된 곳이다. 높이 2~3미터의 수중보를 만들어 강 생태계를 단절시키고서는 그 위에서 오리 배를 타게 만들었다. 양쪽 둔치에는 수변습지 하나 없고 공원 아니면 주차장과 체육시설뿐이다. 오히려 추가적인 개발이 아닌 생태적 복원을 해 나가야 하는 곳이 아닌가.

두 번째 '디아크 문화관광 활성화 사업'에 대해서는 "2025년까지 사업비 300억 원(국비 150억 원, 시비 150억 원)을 투입해 디아크 주변 문화관광 자원(화원유원지, 달성습지)의 연계를 위한 랜드마크 보행교 설치로 금호강·낙동강 합류부의 두물머리 경관 명소 창출 및 관광 활성화에 기여"하겠단 계획을 밝혔다. 그렇다면 디아크 일대는 어떤 곳인가. 이곳도 이미 인간 편의 위주의 개발이 충분히 진행된 곳이다. 대형 공원과 광장, 주차장에 자전거도로까지 들어와 있다. 그런데 이 일대를 더 개발하고 거기에 교량까지 건설해 천혜의 자연습지인 달성습지는 물론 화원유원지까지 연결되는 다리를 놓겠단 것인데, 이것이 탐욕이자 자연에 대한 약탈이 아니면 무어라 말할 수 있을까.

마지막으로 '금호강 국가생태탐방로 조성 사업'에 대해서는 "2024년까지 사업비 60억 원(국비 30억 원, 시비 30억 원)이 투입되는 사업으로 천혜의 하천 자연환경을 보전하고 있는 금호강 안심 권역의 안심습지·금강습지·팔현습지를 연계해 하천 자연환경의 훼손 없이 시민들이 생태·역사·문화자원을 보다 쉽게 접하고, 하천의 빼어난 자연환경을 감상하면서 안전하게 탐방할 수 있도록 생태 탐방로를 조성할 예정"이라고 밝혔다. 그런데 이 또한 환경 파괴를 우려하지 않을 수 없다. 탐방로를 습지가 잘 발달한 하천 안으로 내겠다는 것인데, 그 자체만으로도 생태교란을 불러오는 일일뿐더러 이미 제방 길로 산책로가 잘 닦여 있는 상황에 추가로 탐방로를 만들겠다는 것이라 중복 사업으로 '혈세 탕진 사업'이란 비판을 면할 수 없다. 무엇보다 가장 우려스러운 것은 이것들이 어디까지나 '선도 사업'이고 본 사업은 아직 발표하지도 않았다는 점이다.

그리고 올 6월 2일, 대구시는 보도 자료를 통해 6월부터 금호강 르네상스 개발 사업의 착공을 예고했다.

(위)금호강 대구 구간에서 발견된 멸종위기 야생생물 1급 얼룩새코미꾸리.
(아래)금호강을 찾은 천연기념물 원앙.

> 금호강 르네상스의 마중물 역할을 할 선도사업 3건은 총 810억 원(국 405, 시 405)이 투입되며, 중앙정부로부터 올해 공사에 소요되는 국비예산 109억 원을 이미 확보해 차질 없이 2026년까지 연차별로 완료할 예정이다.[17]

정부 예산의 일부를 따내며 이들 사업에 대한 명분과 예산을 확보했으니 바로 착공하겠다는 것이다. 대구시는 이렇게 선도사업들을 착공해 놓고 "더불어 본사업에 대해서도 금호강 르네상스 마스터플랜 고도화 용역"을 시행해 개발계획을 마련하여 2029년에 금호강 르네상스 사업을 완성시킬 계획이라고 밝혔다. 본사업도 본격화하겠다는 이야기다.

실패를 답습할 것인가

본사업의 내용은 아직 구체적으로 밝히지 않고 있지만, 전임 시장의 '금호강 그랜드 가든 프로젝트'를 이어받은 것이 '금호강 르네상스' 사업인지라 당시 마스터플랜을 보면 그 내용을 어렵지 않게 추정할 수 있다. 결국 이 사업의 핵심은, 금호강 하중도를 중심으로 한 '대규모 관광단지 개발'에 있을 수밖에 없다. 이곳에 수중보를 건설해 수상레저 시설을 만들고 유람선을 띄워 이 일대를 전국적인 관광지로 만들어보겠다는 속셈인 것이다. 결국 이것은 제2의 4대강 사업을 금호강에서 벌여보겠다는 소리와 크게 다르지 않다. 그런데 4대강, 특히 낙동강은 지금 심각한 부작용으로 신음하고 있다는 것을 기억해야 한다. 물길이 막혀 여름마다 강이 썩어 녹조가 창궐하고 수돗물과 농작물 등에서도 녹조 독이 검출되고 있다.

현재 벌이고 있는 개발 사업은 산업화 시절 금호강을 내다버린 전력이 있는 대구시로서는 참으로 염치없는 짓이다. 금호강은 산업화 시절의 오욕의 역사를 딛고 겨우 숨을 쉬기 시작했다. 대구 구간 금호강에서 자취를 감췄던 멸종위기 야생생물 1급의 얼룩새코미꾸리가 돌아왔다는 사실만으로도 금호강의 수질과 수생태계가 부활했다는 것을 알 수 있다.

금호강은 대구시가 말하는 것처럼 '시민 이용 중심'의 강이 되어선 안 된다. 자연과 더불어 살아가는 '공존'의 강이 되어야 한다. 강은 인간의 전유물이 아니며, 그렇게 되어서도 안 된다. 기적적으로 살아 돌아온 금호강에는 13종의 법정보호종과 141종의 야생생물이 더불어 살아가고 있다.[18] 이들이 금호강에서 평화롭게 살아가고 우리는 그 모습을 멀리서 흐뭇하게 지켜보는, 그런 공존의 공간을 만드는 것이 그렇게 어려운 일이란 말인가. 특히 도심의 하천은 야생동물들이 인간의 개발 행위를 피해 숨어들 수 있는 거의 마지막 공간이다. 그렇다면 하천을 그들에게 내주는 것이 맞지 않을까.

'시민 이용 중심의 금호강 르네상스'는 틀렸다. '자연생태 중심의 금호강 보존 운동'으로 방향을 전환해야 한다. 그것이 금호강을 버린 전력이 있는 대구시가 취해야 할 최소한의 양심적 행동이다.

파괴되는
'숨은 서식처'

지난 6월 2일, 주말 오후 늦게 나가 본 금호강 팔현습지의 풍경은 그야말로 황홀함 그 자체였다. 이 땅의 모든 습지가 그러하겠지만 계절별로 그 모습을 달리하며 아름다움을 전하는데, 그 진면목을 만난 것 같아 여간 반가운 것이 아니었다.

새순이 돋는 봄의 팔현습지도 아름답지만 녹음이 짙은 여름날의 팔현습지 또한 봄 못지않은 아름다움을 전해준다. 아니, 오히려 더욱 풍성한 아름다움으로 다가온다. 그날의 팔현습지도 온통 짙은 녹색으로 물들어 짙푸른 향기가 풍겨 나오고 있었다.

팔현습지의 초여름

들풀 하나도 허투루 나지 않은 것 같다. 금호강 팔현습지에는 큰금계국*으로 노랗게 물든 낙동강 해평습지의 모습과는 완전히 다른, 다양한 우리 고유 식생으로 이루어진 들판의 아름다움이 있었다. 거기에 왕버들의 짙은 녹음이 자리를 떡하니 지켜주니 이 여름날의 팔현습지가 풍성할밖에. 그 풍성함 속으로 훅 들어갔다. 녹색의 향내로 깊이 물들면서 말이다. 시선을 위쪽으로 옮기니 하식애에 자리 잡은 희귀식물 모감주나무 군락이 눈에 들어왔고, 부처손이란 희귀식물이 가뭄으로 돌돌 말린 것도 볼 수 있었다.

모감주나무나 부처손, 애기석위는 모두 하식애 절벽 같은 척박한 환경에 뿌리를 내리고 사는 식물들이다. 그런 척박한 환경에서도 생을 이어가는 모습을 보면 참으로 신기하고 놀랍다. 부처손이나 애기석위는 비가 오지 않는 마른날이 지속되면 녹색의 잎을 갈색으로 바꾸고 잎을 돌돌 말아 최대한 몸을 움츠렸다가, 비가 와서 수분이 많아지면 돌돌 말린 잎을 다시 활짝 피며 짙은 녹색의 잎으로 돌아온다. 자연은 정말 알면 알수록 신비롭다.

---

* 군락이 아름다워 보이지만, 큰금계국은 2018년도에 생태계와 사회·경제 등에 미치는 영향을 평가하는 생태계위해성 평가 결과 2급(생태계위해성은 보통이나 향후 생태계위해성이 높아질 가능성이 있어 확산 정도와 생태계 등에 미치는 영향을 지속적으로 관찰할 필요가 있음)을 받은 외래종이다. 여러해살이 다년초로 한번 자리를 잡으면 좀처럼 사라지지 않으며 널리 번져나가 다른 식물이 자리 잡을 수 없게 만들어버린다. 낙동강 곳곳에 퍼진 큰금계국은 4대강 사업 당시 제방과 둔치에 씨앗이 뿌려져 오늘날에 이르렀다.

이들 하식애 식물을 뒤로하고 짙은 녹음을 보기 위해 팔현 습지 가장 안쪽 왕버들 숲으로 달려갔다. 수리부엉이의 집이 있는 가장 큰 하식애와 왕버들 숲 사이에는 넓은 초지草地가 형성되어 있다. 이곳엔 또 얼마나 다양한 식물 친구들이 살고 있을까.

400미터는 족히 되는 오솔길을 따라 걷는데 걸음마다 다른 식물이 눈에 들어온다. '개밀'이라는 식물이 넓게 깔린 가운데 개망초나 패랭이가 올라와 있고, 물가로 눈을 돌리니 '줄'이란 식물이 강변 한편에서 군락을 이뤄 자라고 있다. 왕버들 숲으로 들어가는 입구 바로 앞에는 갈풀이 아름답게 바람에 일렁인다. 인공의 화원이 아닌 자연의 들판이었다.

갈풀이 살랑이는 팔현습지의 자연 들판을 뒤로하고 최종 목적지인 왕버들 숲으로 들어갔다. 원시의 아름다움을 고스란히 간직하고 있는, 언제나 신선한 아름다움이 느껴지는 곳이다. 더구나 이곳은 어린 수리부엉이가 비행 연습을 하는 곳이자 담비가 날랜 걸음으로 노니는 곳이다. 야생동물들의 삶터인 것이다. 식물사회학자 김종원 박사는, 인구 과밀의 국가나 도시 권역에서 야생생물들의 생명 줄을 가까스로 잇게 해주는 장소를 '숨은 서식처Cryptic Habitat'라 부른다.[19] 경관의 수려함에 더해 생물다양성의 보고인 이 왕버들 숲이야말로 팔현습지의 핵심 생태계이자 야생동물들의 숨은 서식처가 아닐 수 없다.

그런데 이 아름다운 왕버들 숲이 위기에 처해 있다. 바로 환경부 산하의 낙동강유역환경청이 이곳에 높이 8미터, 길이

1.5킬로미터에 이르는 보도교를 건설하려 하기 때문이다. 낙동강유역환경청이 제시한 조감도를 보면 그 산책로는 이 왕버들 숲을 그대로 관통하게 된다. 왕버들 숲 곳곳에 꽂혀 있는 공사용 깃발이 그것을 증언하고 있다. 과연 보도교 설치가 이 오래된 왕버들 숲을 밀 정도로 꼭 필요한 일인가.

이 새로운 길의 최종 목적지는 동촌유원지다. 결국 동촌유원지까지 연결되는 길을 만들기 위해서 왕버들 숲을 파괴하는 것이다. 그런데 이미 동촌유원지로 가는 길은 잘 정비되어 있다. '강촌햇살교'라는 다리를 건너 강 반대편으로 가게 되면 잘 정비된 자전거도로와 산책로가 있고, 1킬로미터 하류 지점에는 동촌유원지로 넘어가는 다리가 건설되어 있어서 얼마든지 동촌유원지로 갈 수 있다. 그런데 왜 굳이 이 아름다운 왕버들 숲을 밀고 170억 원이나 들여서 직선 길을 놓으려 하는지 그 이유를 알 수 없다. 강 건너로 돌아가면 걸어서 5분, 자전거로는 1분밖에 차이가 나지 않는데 말이다. 고작 5분을 절약하기 위해서 170억 원이나 들여서 멸종위기종의 숨은 서식처를 파괴한단 말인가.

환경부의 합리적 해명이 필요한 지점이다. 멸종위기종들의 서식처를 파괴하고 최소 150년은 된 아름다운 왕버들 숲까지 파괴하면서 이 길을 고집하는 합당한 이유가 대체 무엇일까.

팔현습지에서 만난 다양한 생의 흔적

새벽바람이 살랑살랑 불어와 제법 쌀쌀했던 지난 5월 25일 새벽 6시, 가슴장화를 착용하고 강촌햇살교를 건너 팔현습지 안으로 들어갔다. 금호강 습지로 들어서자마자 어른 팔뚝만 한 잉어들이 낯선 이방인의 발걸음에 놀라 푸드덕거리며 달아난다. 그 소리가 워낙 우렁차 놀라지 않을 수 없다. 초입부터 시작된 야생의 인사는 계속해서 이어졌다. 100여 미터나 떨어진 곳에서 오리 새끼들이 이방인을 보고는 난리법석이다. 제법 자란 흰뺨검둥오리 새끼들이 어미 곁으로 쏜살같이 달아나는데, 일렬종대로 좌우로 왔다 갔다 하며 풀숲으로 달아나는 그 모습이 너무 재미있다.

그렇게 오리들의 인사를 받으면서 물살을 거슬러 상류로 올라갔다. 그러자 풀숲으로 뭔가가 휙 달아난다. 수달이었다. 호기심 많은 수달이 사람 구경을 하지 않고 어쩐 일로 달아날까 생각해 보니 그곳이 물속이 아니었다. 물속에서야 자유자재로 재빠르게 움직이지만 육지에서는 그러질 못하니 우선 몸부터 숨기고 보는 것이리라.

수달이 달아나자 이번엔 저 멀리서 흰목물떼새 특유의 울음소리가 들려왔다. 소리를 따라 시선을 돌리니 아니나 다를까 강 한가운데에 자갈밭이 있다. 그렇다면 녀석의 둥지가 있을 가능성이 있었다. 다행히 그 일대는 강 가운데도 수심이 깊지 않았다. 자갈밭 쪽으로 발걸음을 옮기니 흰목물떼새 두 마리가 휙 달아난다. 제법 넓은 자갈밭인데도 둥지는 보이지 않았다. 벌써 산란이 끝난 것일까. 다시 물길을 거슬러 올라갔다.

물이 세차게 흘렀다. 여울이다. 물이 어찌나 세차게 흐르는지 다리에 가해지는 압력이 대단했다. 강물이 정말 맑았다. 그 맑은 강물의 약동에 절로 경쾌해지고 활력이 돈다.

그렇게 경쾌한 마음으로 강을 계속 거슬러 올라가다 이번에는 강바닥에서 어른 손바닥만 한 조개를 발견했다. 말조개다. 한둘이 아니다. 이곳에도 저곳에도 말조개가 지천에 널려 있다. 물가에는 패각이 많았다. 물이 빠지면서 그대로 말라 죽은 개체들이 상당한 것이다. 조개의 삶과 죽음이 공존하는 현장이었다.

고개를 돌리니 버드나무 가지에 고라니 뼈가 걸려 있는 것이 눈에 들어왔다. 삵에게 당한 걸까? 아니면 이곳 팔현습지에 출몰하는 담비에게 당한 걸까? 하여간 두개골은 바닥에 박혔고 척추뼈는 나뭇가지에 형태를 잘 유지한 채 걸려 있다. 인근에서 누군가에게 당한 녀석의 뼈가 불어난 강물에 휩쓸리다 나뭇가지에 걸린 것으로 보인다. 그렇게 주변을 관찰하다 보니 바로 옆에서 삵의 배설물을 발견했다.

죽은 고라니의 명복을 빌고 이번에는 뭍으로 올라섰다. 버드나무가 자라고 달뿌리풀이 우거진 하천 숲을 넘어서자 또다시 물길이 나타났다. 물길은 상류로 길게 이어져 있다. 그런데 저 멀리 원앙이 보였다. 이내 새끼들도 나타났다. 원앙 부부가 육아라도 하는지 함께 종종걸음으로 움직인다. 기다려달라고 속으로 부탁해 봤지만 이내 풀숲으로 사라졌다.

푸르른 여름의 팔현습지.

녀석들이 사라진 곳으로 올라가니 물길이 막혔다. 불어난 물이 빠지면서 호수가 된 곳이다. 물의 흐름이 전혀 없어 고요했다. 원앙 가족이 왜 이곳에 있었는지 알 것 같았다. 육아에 더없이 좋은 곳이리라.

금호강은 이렇듯 강, 땅, 습지가 잘 어우러져 있다. 그런데 오뉴월엔 나무와 풀이 우거져 육로로 이동하기가 쉽지 않다. 이럴 때는 고라니가 낸 길을 찾으면 된다. 어른 키보다도 더 높게 자란 수풀 사이로 동굴 같은 길이 나타난다. 바로 고라니들의 이동로다. 그 수풀 길을 따라 상류로 이동했다.

수풀을 헤치고 나오자 다시 넓은 자갈밭이 나타났다. 또다시 흰목물떼새가 보였다. 마치 "이곳은 내 영역이니 들어오지 마시오"라고 하는 것 같았다. 자갈밭이 끝나는 곳은 다시 수풀이고, 그 너머는 금호강 본류다. 강 건너는 원앙 100여 마리가 떼로 살았던 곳인데, 이날은 하나도 보이질 않았다. 뿔뿔이 흩어져 육아에 전념하고 있는지도 모르겠다.

그러던 중 놀라운 것을 발견했다. 지난해 여름 나무가 쓰러지며 만들어진 굴 형태의 공간이었는데, 주변을 살피니 수달의 발자국과 배설물이 발견됐다. 다름 아닌 수달의 보금자리였던 것이다. 마침 나무가 그늘도 만들어줘 그 자리에 앉아서 한참을 기다렸지만 끝내 수달은 돌아오지 않았다.

그렇게 자리를 뜨는데, 저 멀리 제방 확장공사 현장이 보였다. 포클레인이 제방 아래 호안 정비 작업을 하고 있었다. 이 제방 공사가 끝이 나면 팔현습지의 핵심 생태공간인 무제부 산지 앞으로 앞서 말한 보도교 건설 공사가 시작될 것이다. 멸종위기종들의 '숨은 서식처'인 하식애 바로 앞이다. 이 공사로 인해 얼마나 많은 야생동물이 이곳을 떠날까. 대구의 3대 습지인 팔현습지. 국가 습지로 지정하고 보호지역으로 관리되어야 할 장소에 어처구니없는 '삽질'이 예고되고 있다.

팔현습지는 야생의 영역이다. 대구의 마지막 세렝게티로, 야생과의 공존을 생각한다면 더 이상 건드려서는 안 되는 곳이다. 강 우안은 이미 개발이 잘 이루어졌다. 그렇다면 야생의 영

팔현습지에서 만난 수달의 굴. 나무가 쓰러지면서 자연적으로 만들어진 수달의 보금자리다.

팔현습지 내 인간이 만들어놓은 수달의 서식처. 그러나 이곳에는 수달이 머문 흔적이 없다.

팔현습지 제방 공사 현장.

역으로 남아 있는 좌안만 그대로 둔다면 인간과 야생이 충분히 공존하는 공간이 되는 것이다.

과연 이 사업이 재고될 수 있을까? 다시 한번 말하지만 이 사업, 이 삽질의 주체는 다름 아닌 환경부다.

위기에 처한 수리부엉이 부부의 집

그렇다면 팔현습지의 겨울은 어떤 모습일까. 올 초 찾은 팔현습지는 '겨울철새들의 왕국'이었다. 대구 동구 방촌동 금호강 제방에 서서 맞은편 팔현습지 쪽을 바라보면 강물 위에 떠 있는 작은 점들이 보이는데, 모두 겨울철새들이다. 물닭과 청둥오리, 쇠오리, 알락오리, 홍머리오리, 비오리 등 오리들이 많다. 드문드문 민물가마우지도 보인다. 놀랍게도 그 오리들 사이에 멸종위기종도 섞여 있다. 바로 큰기러기와 큰고니다. 마침 내가 도착했을 때 20여 마리의 큰기러기들이 갑자기 날아올라 잠시 선회비행을 하더니 인근에 내려앉았다. 그야말로 장관이었다.

큰고니는 먹이 활동에 여념이 없었다. 한 가족으로 보이는 세 마리는 식물 뿌리를 캐 먹는지 강 가장자리까지 다가가 머리를 강물 속에 박은 채 열심히 '물질 쇼'를 펼쳤다. 이들은 몇 해 전부터 팔현습지를 찾았는데, 지난겨울에도 어김없이 매일 나타났다. 팔현습지를 안전한 장소로 인식한 것으로 보인다.

이들이 아파트 단지가 들어서 있는 이 도심까지 찾아오는 이유는 바로 팔현습지 때문이다. 강의 흐름을 기준으로 오른쪽인 대구 동구 방촌동 쪽은 사람들이 살아가는 곳이다. 그러나 반대편인 팔현습지 쪽은 산지 절벽으로 되어 있어서 사람의 통행이 거의 없다. 즉 도심에 인간의 간섭이 없는 특수한 공간이 존재하는 것이다. 팔현습지에서 예민한 멸종위기종들을 찾아볼 수 있는 이유가 여기에 있다.

그런데 2012년 강촌햇살교가 들어서면서 팔현습지 쪽으로 사람들의 발길이 많이 닿기 시작했고, 2020년 수성파크골프장이 들어서며 더 많은 사람들이 이 일대를 왕래하게 되었다. 그래도 다행히 사람들의 동선이 강촌햇살교와 수성파크골프장으로 이어지는 길에만 집중되어 어느 정도 균형을 이루면서 이 일대가 자연과 인간이 공존하는 공간이 된 것이다.

강 안에 겨울철새들이 있다면, 강 바깥에는 산지 절벽을 점령한 채 마치 이곳의 수호신 혹은 터줏대감처럼 금호강을 굽어 살펴보고 있는 존재가 있다. 이곳의 텃새로, 위용을 뽐내며 하식애 절벽에 자리를 잡은 수리부엉이 부부다. 이들 부부가 이곳에서 안정적으로 지내는 모습을 처음 확인한 것은 지난해인데, 정확히 언제 이곳에 터를 잡았는지는 확인되지 않았다. 지난해는 산란까지 했고, 새끼 세 마리의 존재도 확인했다. 지금은 다 분가했고 부부만 남았는데, 올해도 번식할 것으로 예상한다. 이들이 무사히 산란에 성공한다면 조만간 새끼들이 비행 연습을 하는 장면을 또 목격하게 될 것이다.

그런데 교량형 보도교 건설 사업 착공이 예정되어 있으니 이들 수리부엉이 부부의 서식지 또한 위협을 받게 되었고, 이 숲의 평화로운 질서에도 위기가 찾아왔다. 보도교가 들어서면 이곳의 평화는 완전히 깨질 것이다. 겨울에 다양한 법정보호종을 비롯한 철새들이 찾아오고 천연기념물이자 멸종위기종인 수리부엉이 부부가 팔현습지에 서식하는 까닭은 인간의 발길이 닿지 않기 때문이다. 그런데 이곳으로 길을 내 사람들이 드나들게 하고 동촌유원지와 연결하여 그곳의 사람들까지 팔현습지로 유입시킨다면 예민한 야생동물들이 이곳에서 살아갈 수가 있겠는가. 생태적 고려가 전혀 없는 '삽질'에 가까운 사업이다. 거듭 말하지만 그런 사업을 환경부가 추진하고 있다.

당장 8미터 높이의 교량형 보도교가 들어서고 사람들이 오가게 된다면, 야행성인 수리부엉이가 낮에 제대로 휴식을 취할 수 없게 된다. 또한 둥지도 사람들에게 노출될 터이니 산란 또

팔현습지 하식애에 둥지를 튼 수리부엉이 부부 중 암컷 '현이'.

한 용이치 않을 것이다. 보도교는 그렇게 수리부엉이의 서식지를 앗아갈 것이다.

벌써 두 차례 팔현습지를 다녀간 꾸룩새*연구소 임봉희 부소장은 "수리부엉이는 둥지를 틀면 그곳에 특별한 교란 요소가 없는 한 최소 수십 년은 살아간다"라고 했다. 거꾸로 가도 한참을 거꾸로 가는 환경부가 아닐 수 없다. 게다가 환경부가 토건 사업을 강행하고 환경부가 '환경영향평가'라는 이름의

---

* '꾸룩새'는 수리부엉이의 애칭이다.

심의를 하는 이상한 행정이 진행되고 있다. 환경부가 선수(낙동강유역환경청)와 심판(대구지방환경청)을 모두 함께하면서 이 사업을 밀어붙이고 있는 것이다.

팔현습지는 딱 지금 선에서 유지되어야 한다. 이 선을 넘는 순간 균형이 깨져 생태계가 망가질 것이 불 보듯 뻔하다. 수리부엉이가 하식애를 떠나고 큰고니와 큰기러기 들이 팔현습지를 떠날 것이다.

'금호강의 봄'을 생각한다

지난해 말 영화 〈서울의 봄〉이 연일 화제에 올랐다. 나는 어쩐지 이 영화를 보면서 새삼 '금호강의 봄'을 생각하게 되었다. 앞서 언급했듯 금호강은 산업화 시절의 희생양이었다. 장기 군사독재 시절의 암울했던 대한민국의 현실처럼 금호강은 생물화학적 산소요구량BOD*이 수백 피피엠에 이르는, 시궁창에 가까운 죽은 하천이었다. 그러던 금호강이 1990년대 말 섬유산업의 쇠퇴와 더불어 서서히 되살아나기 시작한다. 금호강 입장에서는 혁명적 변화로, 찬란한 금호강의 봄을 꽃피울 시절이 도래한 것이다. 이를 증명이라도 하듯 금호강 곳곳에서는 그동안 자취를 감추었던 생명들이 다시 등장했다. 조개와 다슬기 그리고 재첩을 비롯한 수많은 저서생물들이 돌아왔고, 멸종위기

---

* 물의 오염된 정도를 나타내는 지표 중 하나. 호기성好氣性 미생물이 일정 기간 동안 물속의 유기물을 산화 및 분해할 때에 소비하는 산소량으로, 피피엠으로 나타낸다.

이 습지 앞으로 직선 길이 생긴다.

종 얼룩새코미꾸리도 다시 나타났다. 이들은 금호강의 찬란한 봄을 나타내는 생명으로서 이들의 등장은 시궁창으로 전락했던 금호강의 화려한 부활을 예고하는 것이었다. 금호강이 나의 유년 시절 그 아름다웠던 모습으로 돌아오려는 순간을 맞이한 것이다.

그런데 이런 찬란한 아름다움을 보여주는 금호강의 봄이 막을 내릴 위기에 내몰려 있다. 금호강의 부활, 금호강 스스로의 혁명적 변화는 종식되고 다시 뭇 생명들이 살 수 없는 죽음의 강으로 돌아가려 하는 위기가 닥친 것이다. 금호강 르네상스 개발 사업 그리고 한심한 보도교 건설 사업을 통해서 말이다.

이미 작업은 시작됐다. '금호강의 봄'을 지켜내야 한다. 서울의 봄이 신군부의 군홧발에 짓밟힌 것처럼 금호강의 봄도 신종 토건 세력에 의해서 짓밟힐 위기에 놓였다. 금호강의 찬란한 봄을 지켜주고 싶다. 야생동물의 삶터가 되어주는 도심하천인 금호강과 생명 공동체를 지켜주고 싶다.

자연을 해치고 들어서는 파크골프장

2023년 1월 26일, 대구시는 금호강 둔치에 파크골프장을 추가로 증설하겠다는 계획을 발표했다. 골프장 네 개를 신설하고 기존 두 개의 골프장을 확장한다는 내용이었다.* 이번 파크골프장 조성 사업이 완료되면 약 42킬로미터에 달하는 금호강 대구 구간에 있는 파크골프장만 무려 20개소가 된다. 단순 계산으로 약 2킬로미터에 골프장 하나 꼴이다. 이렇게 되면 금호강 둔치 대부분이 개발되는 셈이라 이곳에서 살아가는 야생동물들은 서식처를 잃고 오갈 데 없는 신세가 된다.

* 동구 9홀(확장), 서구 9홀(신설), 북구 2개소 63홀(신설), 달서구 9홀(확장), 달성군 18홀(신설).

'어르신'들을 위한 몰沒생태적 개발 사업

당시 대구시 보도 자료에는 다음과 같은 내용이 실렸다.

> 홍준표 대구시장은 "파크골프는 어르신들에게 새로운 생활체육으로 각광받는 스포츠이자 노인복지시설로 노인질환과 성인병 예방에 도움이 된다"며, "앞으로도 대구시는 구·군과 함께 파크골프장을 노인복지시설 기능을 강화하는 방향으로 추진해 나가겠다"고 말했다.[20]

이에 환경·사회·종교 단체로 구성된 '금호강 난개발 저지 대구경북공동대책위원회'(이하 '금호강 공대위')는 "금호강 둔치는 야생동물의 집"이라며 "야생동물의 마지막 서식처를 파괴하는 대구시를 규탄한다"라고 밝혔다. 이어 "강은 인간의 전유물이 아니"라며 "대구시가 야생과 더불어 공존하는 정책으로 나아가길 촉구한다"라고 덧붙였다.

과연 누구의 말이 맞는 것일까. 나는 그 답을 찾기 위해 현장을 찾았다. 그리고 아래에서부터 위로 금호강을 따라 올라가면서 과연 그곳이 파크골프장이 들어서도 되는 적당한 입지인지를 확인해 봤다.

우선 달서구 파호동 강창교 아래 금호강 둔치다. 이곳은 금호강과 낙동강이 만나 빚은, 천혜의 자연습지로 유명한 달성습지와 이어지는 장소다. 이런 곳은 달성습지의 배후습지로 보존해야 할 곳이지 개발 대상이 되어서는 안 된다. 대구시는 이곳 아래쪽에 교량을 놓아서 강정고령보 디아크와 달성습지를 연결하려는 계획도 가지고 있다. 이렇게 되면 신설 교량과 신설 파크골프장으로 인해 이 일대 생태계는 완전히 교란될 수밖에 없다.

두 번째는 달서구 방천리 위생매립장 앞 금호강 둔치다. 이 부근엔 이미 두 개의 넓은 파크골프장이 들어서 있다. 그런데 대구시는 이것으로 모자라 금호강 둔치까지 확장하겠다는 것이다. 이것을 두고 금호강 공대위는 '탐욕'이라고 비판했는데, 공감하지 않을 수 없었다. 꼭 해야겠다면 둔치에 이미 개발해놓은 방천구장을 활용하는 것이 마땅하지, 남은 둔치마저 내놓으라는 것은 이치에 맞지 않는 일이다.

심지어 이 일대에 파크골프장을 세 개나 더 만들 계획이라고 한다. 바로 사수동 금호강 둔치와 비산동 매천대교 상단 그리고 하중도인 금호꽃섬 옆 금호강 둔치다. 그런데 이 일대는 금호강 둔치를 제외하면 야생동물들이 머무를 수 있는 곳이 없다. 이 세 곳에 모두 골프장이 조성되면 생태계가 단절되어 수달과 삵, 고라니나 너구리 같은 야생동물들이 그야말로 고립무원에 빠진다. 이 문제를 대구시는 어떻게 해결할 것인가.

마지막으로 동구 봉무동 금호강 둔치도 가보았다. 이곳에도 넓은 파크골프장이 이미 들어서 있다. 이걸로 부족하니 더 확장하겠다는 것인데, 그래도 이곳은 이미 들어서 있는 리틀 야구장을 활용하겠다는 계획이었다. 아이들의 시설을 어르신들에게 내어준다는 비판이야 있을 수 있겠지만 이미 개발이 진행된 곳을 다른 용도로 개발하겠다는 것이어서 어느 정도 용인 가능한 상황으로 보였다.

골프장 조성을 멈추어야 하는 세 가지 이유

금호강 공대위가 대구시의 골프장 증설 계획을 문제 삼는 근거는 세 가지다. 첫 번째, 대구엔 파크골프장이 이미 너무 많다. 대구시는 타 시도에 비해 압도적으로 많은 파크골프장을 가지고 있다. 대구보다 인구가 월등히 많은 서울이 열한 개, 부산이 열 개인 데 비해 대구는 무려 스물여덟 개에 달한다. 현재도 다른 도시에 비해 훨씬 많은 파크골프장을 갖고 있는데 추가로 골프장을 더 짓겠다는 것은 지나친 욕심이 아닐 수 없다. 심지어 대구 내 스물여덟 개의 파크골프장 중 금호강에 들어선 것만 열네 개나 된다.

두 번째 근거는 금호강 둔치의 생태적 가치다. 앞서 설명했듯 둔치는 야생생물들의 삶터로 하천 생태계에 있어 아주 중요한 가치를 지닌다. 이런 곳에 파크골프장이 들어서면 야생생물들은 도대체 어디로 가란 소리인가. 민가에서 먼 국가하천을 이런 식으로 개발하는 것은 야생생물 입장에선 끔찍한 테러나 다름없다.

마지막으로, 심지어 지금은 개발에 목매야 하는 시대가 아니라는 것이다. 시민들 또한 환경을 지키고 보존하면서 자연과 더불어 살아가는 것이 중요하다는 사실을 인식하고 있는 오늘날, 이러한 개발 사업은 시대에 뒤떨어진 행정이라고 볼 수밖에 없다.

수많은 시민과 미래세대에 부끄럽지 않은 길을 가야 한다. 지금이라도 파크골프장 증설을 중단하고 '탐욕과 약탈의 행정'이 아닌 자연생태계와 더불어 살아가는 '공존의 길'로 나아가길 바란다.

골프장으로 변해가는 수달의 삶터

대구시가 개발하고 있는 금호강 파크골프장 여섯 군데 중 가장 규모가 큰 곳은 북구 사수동 금호강 둔치에 조성 중인 파크골프장이다. 해당 공사 면적만 약 10만 제곱미터, 3만 250평이다. 그 일대에서 가장 큰 둔치이기에 야생동물들을 마주할 확률이 가장 높은 공간이기도 하다.

지난해 2월 18일, 정밀 조사를 위해 현장을 찾았다. 특히 천연기념물이자 멸종위기 야생생물 1급인 수달을 직접 만나보고 싶어 이른 새벽에 길을 나섰다. 새벽에 그들을 만날 가능성이 가장 크기 때문이었다. 그런데 물길을 걷기 시작하자마자 걸음을 멈춰야 했다. 물길을 걸으며 모래톱에서 수달의 흔적을 만났기 때문이다. 무척 반가웠다. 모래톱 위에 선명히 새겨진 수달의 발자국과 그들 나름의 영역표시로 쌓아놓은 작은 모래성이 반갑고도 정겨웠다. 그 위에 남겨놓은 배설물은 녀석이 이곳을 다녀간 지 얼마 되지 않았음을 짐작하게 했다. 조금만 일찍 도착했다면 녀석과 조우할 수도 있었을 터라 아쉬움을 달래며 사진으로 녀석의 흔적을 기록했다.

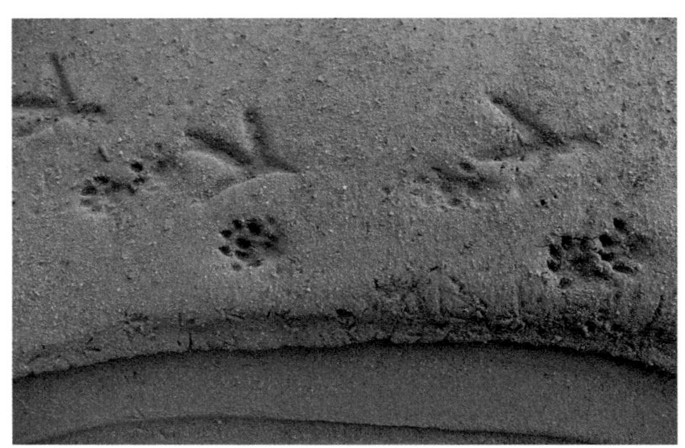

왜가리 발자국과 수달 발자국이 모래톱에 나란히 찍혔다.

모래톱은 수달의 흔적을 만날 수 있는 가장 좋은 곳이다. 그날도 수달들은 모래톱 주변 곳곳에 그들의 발자국을 남겼다. 수달 외에도, 고라니와 삵의 것으로 보이는 발자국이 현장 곳곳에 남아 있었다.

사실 전날 밤 미리 설치해 놓은 무인 카메라에도 혼자 이동하는 수달 녀석의 모습이 짧게 잡혔다. 수달의 존재를 명확히 확인한 순간이었다. 이동하는 모습을 보니 녀석이 이 일대를 다니면서 먹이 활동을 하고 있을 것으로 추정됐다. 대구 북구 사수동 파크골프장 공사 구간이 수달의 서식처일 가능성이 큰 것이다.

다시 물길을 걸었다. 곳곳에 녀석의 배설물이 보였다. 한참을 걸은 후 만나게 된 작은 섬에서도 또 다른 흔적을 발견할 수 있었다. 그러나 이 흔적이 앞서 봤던 흔적을 남긴 녀석의 것인지 또 다른 개체의 것인지는 확실치 않았다. 생각보다 많은 개체가 살아갈 가능성도 배제할 수 없다.

더 걷다 보니 이번엔 수달이 식사를 한 흔적을 만났다. 민물고기 누치의 머리만 덩그러니 남아 있었다. 누치의 머리가 아직 싱싱한 것으로 보아 역시 내가 현장에 도착하기 직전에 식사를 한 것으로 추정됐다. 조금만 더 일찍 왔더라면 수달이 식사를 하는 모습을 직접 볼 수도 있었을 것이라 생각하니 여간 아쉬운 게 아니었다. 그리 멀지 않은 풀숲에서 수달이 먹다 남긴 누치의 꼬리 부분도 발견했다.

녀석은 반대편 둔치의 작은 모래톱에도 발자국을 남겼다. 모래성을 쌓아 영역표시를 하는 것도 잊지 않았다. 그런 흔적이 물길을 따라 이어졌다. 나무도 있고 큰 너럭바위도 있어 수달의 보금자리가 있었을 가능성이 컸는데, 애석하게도 이미 현장은 파괴되어 있었다. 호안공사 때문에 굴삭기가 그 일대를 전부 긁어놓은 것이다. 강 하류 공사 구간 사이에 있는 작은 실개천의 바윗돌에도 배설물이 묻어 있는 등 수달의 흔적은 계속 발견되었다. 아무래도 공사가 진행되는 구간 대부분이 녀석들의 행동반경인 듯했다. 이제 이 일대에 콘크리트 블록들이 놓일 텐데, 그렇게 되면 이 일대는 더 이상 수달이 머무를 수 없게 된다. 수달이 콘크리트 블록에 집을 지을 수는 없기 때문이다.

대구 북구청의 공사 강행

직접 현장 조사를 해보니 수달과 삵 등 법정보호종이 이곳에 살고 있음을 확신할 수 있었다. 그렇다면 이럴 경우에는 어떻게 해야 할까. 환경부에서 2021년 11월 공고한 「소규모 환경영향평가 협의내용[금호강 사수지역 체육시설 조성공사]」에 이와 관련된 내용이 명확히 명시되어 있다. 법정보호종의 서식 여부를 면밀히 재조사하고 서식이 확인될 경우 해당 종의 특성에 따른 적정 보호 대책을 수립 및 실시해야 한다고 말이다. 그러나 대구 북구청은 이를 따르지 않고 2022년 10월 착공에 들어갔다.

Ⅱ 세부 협의의견

가. 자연생태환경(동·식물상)

○ 현지 및 문헌조사에서 계획구간 일원에서 법정보호종(수달, 삵, 원앙, 흰꼬리수리 등)을 비롯한 다양한 야생생물의 서식이 확인되었고, 계획구간은 철새도래지로 지정되어 있는바, 조류들의 서식에 미치는 영향이 최소화되도록 저감 대책을 철저히 이행하여야 함(296~302쪽)

- 공사 전 법정보호종(어류, 곤충, 파충류, 조류)의 서식 여부를 면밀히 재조사하고, 서식이 확인될 경우 전문가 자문 등을 통해 해당종의 특성에 따른 적정 보호 대책 수립·실시 후 공사를 실시
- 철새도래기 및 야간공사, 운영(조명설치)으로 곤충 조류를 비롯한 생태계 교란(사람움직임, 소음, 빛공해 등)이 우려되므로 철새도래기 공사 및 운영, 야간공사 및 조명설치는 지양하여야 함.

「소규모 환경영향평가 협의내용[금호강 사수지역 체육시설 조성공사]」 세부 협의의견.

금호강 공대위에서 확인한 바에 따르면, 북구청은 지난해 1월 말 업체를 선정해 환경영향평가를 실시했다. 애초 공사 시작 전에 해야 할 일을 사후에 한 것이다. 더불어 환경영향평가 당시 대구지방환경청은 인근에 이미 비슷한 시설물이 많다며 하천이 아닌 대체 부지에 시설을 마련할 것을 검토하라 요구했으나, 북구청은 대체 부지를 찾기 어렵다는 이유로 원래 위치에 시설 조성을 추진했다.

이제 이 일대에 대규모 파크골프장이 들어서게 된다. 그렇게 되면 수달과 삵 등은 더 이상 이곳에 머무를 수 없을 것이다.

골프장 공사 현장에 등장한 수달과 삵

지난해 6월 대구 북구청은 사수동 금호강 파크골프장 예정지에서 수달 등 법정보호종의 서식지를 발견하지 못했다고 밝혔지만, 그 전에 이미 공사 현장 한가운데서 수달의 모습이 포착된 바 있다. 그것도 낮에, 북구청이 포클레인으로 긁어놓은 바로 그곳에서 3일 동안 연속으로 포착되었다. 멸종위기 야생생물 2급인 삵 또한 이틀이나 출몰했다.

한반도야생동물연구소 한상훈 소장은 "3일 연속으로 수달이 포착됐다면 그 일대에 수달의 집이 있다고 봐야 한다"라고 말했다. 그 일대 덤불 속에 굴을 파고 그 안에서 서식하면서 가끔 나오는 것으로 보인다는 것이다. 그렇다면 수달의 집이 공사 현장 인근에 있을 가능성이 매우 컸다.

공사 현장에 설치해 놓은 무인 카메라에 법정보호종이 잡혔으니 제대로 된 보호 대책을 수립하고 공사를 포기해야 한다. 그러나 그것이 현실적으로 힘든 일이라면 공사 규모를 최소화해서 이들의 서식 환경에 최대한 교란 요소를 없애주는 것이 차선의 방법일 터다. 그래서 금호강 공대위 측에서 파크골프장 규모를 30퍼센트 정도 줄이고, 공사 현장에 수달 인공 서식처를 세 곳 정도 만들어줄 것을 공식적으로 제안했으나 북구청 측은 아무런 대답을 내놓지 않았다. 언론 등을 통해서, 전국대회 유치도 할 수 있도록 사수 파크골프장을 대한파크골프협회에서 인증하는 공인 구장으로 만들 것이라는 소리만 들려올 뿐이었다.[21]

공사를 그대로 강행해서는 안 된다. 이것은 환경영향평가법 위반일 뿐만 아니라, 금호강 공대위를 완전히 무시하는 처사이고 나아가 야생생물을 사랑하는 많은 시민들 또한 무시하는 처사이기 때문이다. 금호강 공대위의 제안대로 북구청과 금호강 공대위가 조금씩 양보해서 공사 규모를 조금 줄이고, 이곳에서 수달과 삵이 계속 살아갈 수 있도록 서식처를 조성해야 한다. 그것이 '수달의 도시' 대구의 위상에 걸맞은 행정일 것이다.

4부

낙동강에 남은 '4대강'의 유산

샛노랗게 물든
해평습지

새로 난 국도를 따라 구미보 가는 길에 만나게 되는 해평습지*가 완전히 노랗게 물들었다. 부분이 아니라 전체적으로 샛노랗다. 드론을 띄워 하늘에서 그 광경을 보았다. 그 넓은 습지의 절반이 노랗게 물든 상태. 꼭 넓게 펼쳐진 해바라기밭을 보는 듯했다.

그러나 가까이 가서 살펴보면 그것이 해바라기가 아니라 큰금계국임을 알게 된다. 다른 식물은 찾아볼 수 없고 온통 큰금

* 습지가 고아면 쪽으로 치우쳐 있어 '고아습지'라고도 하고 그 일대에 강정나루터가 있어 '강정습지'라고도 하는데, 이 책에선 넓은 의미의 '해평습지'라는 이름을 사용하였다.

낙동강 제방까지 샛노랗게 물들인 큰금계국.

계국만 지천에 널려 있다. 그 노란빛의 유혹에 적지 않은 시민들이 주변에 차를 세우고 사진 찍기에 열중하기도 한다.

큰금계국

아름다워 보이기도 하지만 사실 이 큰금계국은 2018년도에 생태계와 사회·경제 등에 미치는 영향을 평가하는 생태계위해성 평가 결과 2급(생태계위해성은 보통이나 향후 생태계위해성이 높아질 가능성이 있어 확산 정도와 생태계 등에 미치는 영향을 지속적으로 관찰할 필요가 있음)을 받은 외래종이다. 여러해살이 다년초인데 한 번 자리를 잡으면 좀처럼 사라지지 않고 널리 번져나가 다른 식물이 자리 잡을 수 없게 만들어버리기 때문이다. 또한 하천의 습지를 육지화하는 대표적 식물이 바로 이 큰금계국이다.

큰금계국이 이렇게 넓은 해평습지를 완전히 뒤덮기 일보 직전이다. 이대로 몇 해만 지나면 해평습지는 전체가 노란빛으로 완전히 뒤덮일 것이다.

사실 큰금계국 문제는 비단 해평습지만의 이야기가 아니다. 낙동강 곳곳에 큰금계국이 자리를 잡았다. 노란빛을 띠는 곳에는 대부분 이 큰금계국이 번성하고 있다고 보면 된다.

4대강 사업 당시 국토부*는 이곳에 강에서 퍼 올린 준설토를 쌓아 올렸고 이후 관리까지 맡아왔다. 당시에도 큰금계국의 씨앗이 뿌려졌는데, 이후 몇 차례 더 씨앗이 뿌려졌다고 한다. 그것이 점차 번성해 지금에 이르고 있는 것이다.

그러다 2022년부터 국가하천 관리가 국토부에서 환경부로

* 이 책에서 말하는 '국토부'는 오늘날 '국토교통부'를 이른다. 4대강 사업 당시엔 '국토해양부'였다.

이관되었다. 2년 전부터 환경부가 이곳을 관리하고 있는 셈인데, 생태계위해성이 있는 종이 이렇게 확산하고 있는데도 대체 뭘 하고 있는 것인지 모르겠다. 상황이 이러니 구미에서는 이 일대를 국가정원으로 만들자는 요구까지 나오고 있는 데다, 지난 5월 18일 한 민간단체 주관으로 국가정원 유치를 기원하는 행사가 열리기도 했다. 국제 생물다양성의 날*을 불과 나흘 앞둔 날이었다.

생물다양성의 관점에서 보자면 큰금계국이 점령한 해평습지의 문제는 심각하다. 다양한 식생이 함께 번성해야 할 습지가 큰금계국이란 하나의 식물로 완전히 뒤덮였기 때문이다. 생물다양성이 최악의 상태에 빠진 것이다. 이에 대해 식물사회학자 김종원 박사는 큰금계국과 관련된 일본의 사례를 설명하며 다음과 같이 말했다.

> 이웃 나라 일본은 일찍이 큰금계국을 골치 아픈 침투 외래종浸透外來種, Invasive Alien Species이자 고유 서식처와 고유 생물상에 심각한 위해를 끼치는 종으로 판단, 생물다양성협약과 그 정신에 따라 법적, 제도적으로 관리하고 있다. 심지어 증식을 방지하는 철두철미한 대책이 없다면 일반 가정 정원에서도 절대 키워서는 안 되는 식물이다. 큰금계국은

* 유엔UN의 생물다양성협약이 발표된 날을 기념하고 생물다양성의 이해와 보존을 위해 제정한 날로, 매년 5월 22일이다.

아름다운 식물이고 죄가 없다. 단 인간이 이렇게 무지막지하게 야생 지역에 가져다 심는 것은 '생태 폭력'이다.

김종원 박사는 빠른 생태복원을 주장하며 생태를 복원할 때도 자연의 힘을 빌려야 한다고 말했다. 즉 자연 하천 시스템의 도움을 받아 지형과 토양구조를 살펴서 자연적인 물길을 복원해야 한다는 것이다.

지금 큰금계국이 잠식하고 있는 낙동강 둔치는 과거 낙동강이 갖고 있던 고유의 모습이 아니다. 현재의 둔치는 4대강 사업 당시 강바닥의 모래를 준설해서 그 준설토로 돋워 만든 것이다. 인위적으로 만들어진 환경이란 소리다. 그런 곳에 우리 고유종이 아닌 큰금계국이 자리를 잡고 있는 것이다. 결국 이 또한 4대강 사업의 부작용이다.

환경부의 직무유기

김종원 박사는 "5년 전 큰금계국 문제가 중앙 언론을 통해 보도되며 화두에 올랐다. 그 당시 환경부가 분명 제대로 대처할 것을 약속했는데, 실제로는 그렇게 하지 않았다. 그때라도 제대로 대처했다면 이런 사태까지 벌어지지 않을 것"이라고 환경부를 강하게 비판했다.

국립생태원이 지난해 1년 동안 외래생물 정밀조사를 한 결과 큰금계국은 유해성이 2등급으로 나타났습니다. 생태

> 계에 부정적 영향을 미칠 우려가 커 지속적 감시가 필요하다는 겁니다. … 환경부는 유해성이 확인된 큰금계국을 지자체가 마구잡이로 심지 못하도록 하는 방안을 검토하고 있습니다.[22]

환경부는 아무런 조치도 취하지 않았다. 이것은 명백한 직무유기가 아닌가. 김종원 박사는 "큰금계국은 화려한 꽃과 향기 때문에 벌들이 상당히 빈번하게 찾는다. 그래서 우리 고유의 충매화가 그만큼 불리해지기 마련"이라며 "이 점은 생태학에서 상식이다. 그렇잖아도 희귀해져 버린 국내 고유종들이 멸종의 벼랑으로 내몰리게 된다"라고 부연했다. 그리고 다음과 같이 설명했다.

> 환삼덩굴이나 가시박 같은 생태계 교란 식물은 아무리 심각한 위해를 가한다 해도 일년초다. 그러나 큰금계국은 여러해살이 다년초다. 그런 의미에서 정말로 심각한 종이다. 왜냐하면 이 친구들은 한번 자리를 잡으면 그 자리를 내주지 않기 때문이다. 이는 서식지가 건강하게 회복하는 것을 방해하는 일이다. 그리고 큰금계국은 뿌리 한 조각이라도 떨어져 다른 곳에 정착하면 그곳에서 또 크게 번성하는 식물이다. 그러니까 씨앗으로도, 뿌리로도 확산하는 그야말로 좀비처럼 사는 최강의 식물이다. 그래서 일일이 뽑아내지 않으면 방법이 없다. 이웃 나라들은 일반 가정집에서

하늘에서 바라본 낙동강 둔치. 큰금계국이 퍼져가고 있다.

심으려 할 때 주의사항을 철저하게 알릴 정도로 확산을 통제하고 있고, 정기적으로 큰금계국을 제거하는 작업을 벌일 정도로 애를 먹고 있다. 우리도 대책을 강구하지 않으면 온 나라 산천이 큰금계국밭이 될 것이다.

큰금계국은 우리의 강하천 시스템에 정면으로 배치되는 식물이다. 하천 범람원의 우리 고유 식생으로 쑥부쟁이, 쑥, 비수리, 패랭이, 갈풀, 물억새, 달뿌리풀 등이 있다. 이

> 친구들이 정착해야 할 자리에 큰금계국이 뿌리를 내려 완전히 잠식해 들어가고 있다. 마침내 하천 바닥은 점점 육지로 변해가면서 강하천 구조와 기능이 크게 망가지고 만다. 그렇게 되면 어마어마한 세금을 쓰며 애를 쓰더라도 강하천 기능을 겨우 유지하는 어처구니없는 상황이 벌어지게 된다.
>
> 큰금계국은 우리나라 강하천 시스템에 결정적인 방해 요소다. 큰금계국이 차지한 모래자갈 땅은 여름철새나 겨울철새에게 아주 중요한 서식처가 된다. 특히 멸종위기종 쇠제비갈매기, 흰목물떼새 같은 여름철새들의 멸종을 막을 수 있는 결정적인 산란 장소다.
>
> 큰금계국은 하루빨리 제게해 나가는 것이 맞다. 모든 지자체에서 일제히 큰금계국을 제거할 수 있도록 소상한 실행지침을 담은 관리 매뉴얼을 마련해야 한다.

한창 큰금계국이 만개했을 때 많은 사람들이 낙동강 제방에 차를 세우고는 강으로 들어가 사진을 찍었다. 사진 찍기 좋은 명소가 된 것이다. 이곳을 국가정원으로 만들자는 요구도 이러한 맥락에서 나오고 있는 것이다. 계속해서 인간의 개입이 이어진다. 하지만 자연은 자연 그대로일 때가 가장 아름답다는 것을 잊어선 안 된다.

쫓겨나는
표범장지뱀

지난 6월, 현장 조사차 방문한 해평습지에서 정말 오랜만에 도마뱀을 만났다. 너무 반가워 가만히 서 있는 녀석을 좀 더 자세히 살폈는데, 온몸에 검은 반점이 있는 특이한 친구였다. 표범장지뱀이었다.

4대강 사업 초기 남한강 도리섬 부근에서 발견되어 화제가 된 바 있는 표범장지뱀은 멸종위기 야생생물 2급으로 하천과 해안의 사구에서 서식하는 희귀한 동물이다. 그런데 이날 고작 30분 동안 무려 열 마리의 표범장지뱀을 만났다. 그 일대가 표범장지뱀의 집단 서식처인 듯했다.

해평습지는 그 화려했던 큰금계국들이 꽃잎을 다 떨구고 마

(위)꽃을 다 떨군 큰금계국이 마치 모래 위에 핀 풀처럼 자라 있다.
(아래)높게 쳐놓은 녹색 망. 표범장지뱀의 포획과 이주를 위해 쳐둔 그물이다.

른 들판의 형상을 하고 있었다. 거친 모래땅에 듬성듬성 자리 잡은 큰금계국들은 낯설고 쓸쓸한 이국적 풍경을 만들어주고 있었다.

그곳에서 만난 표범장지뱀의 모습을 카메라에 담고 있는데, 저 멀리서 낯선 광경이 눈에 들어왔다. 들판 사이로 깔린 시멘트 포장길을 경계로 녹색 망이 길게 쳐 있는 것이 아닌가. 뭔가가 넘어오지 못하도록 길게 망을 쳐둔 것인데, 직감적으로 표범장지뱀과 관계가 있음을 알아차렸다.

그 자리에서 구미시에 연락해 확인해 보니 구미시 환경정책과에서 '낙동강 도시 생태축 복원 사업'을 진행하고 있었다. 환경영향평가정보지원시스템에 들어가 이 사업의 목적을 확인해 보았다.

나. 서식지 측면

○ 흑두루미, 재두루미 등 멸종위기종 서식지 확보

- 경북 도내 유일한 철새 도래지, 국제적으로 중요한 중간기착지인 강정습지에 철새의 안전한 서식환경(휴식처, 먹이터) 조성
- 이들의 서식지를 복원·개선하여 국가생물자원을 확보하고, 지역의 대표적인 생태문화자원으로 활용

다. 생태기능 강화, 시민 이용측면

○ 지속가능한 생태계서비스 제공으로 녹색도시, 생태도시

로의 도시이미지 전환

- 철새도래지 등 우수한 자연자원을 보전하면서 현명한 이용을 위해 부족한 생태체험·학습·휴식공간 등의 생태기반 시설을 조성하여 지역민들에게 생태계서비스 제공이 가능한 생태인프라 확충[23]

흑두루미는 이 일대의 상징과도 같은 동물인데, 2020년 이후로는 흑두루미가 이곳을 전혀 찾지 않고 있고 현재는 소수의 재두루미만이 잠시 쉬었다 가고 있다. 그러니까 쉽게 말하면 이곳을 겨울마다 흑두루미와 재두루미가 찾는 기착지로 만들기 위해 낙동강 둔치의 상당한 면적을 절토하여 모래톱을 만들고 그 앞으로 물길을 내는 사업을 벌인다는 것이다.

흑두루미냐 표범장지뱀이냐

흑두루미와 재두루미에게는 반가운 일일 것이다. 그렇다면 여기 사는 표범장지뱀은 어떻게 되는 것일까? 흑두루미나 재두루미도 멸종위기 야생생물 2급으로 환경부 보호를 받는 생물이지만 표범장지뱀도 같은 수준의 멸종위기종이다. 비록 4대강 사업을 하면서 준설토를 쌓아 형성된 땅이지만, 이제 안정되어 멸종위기종인 표범장지뱀이 자리를 잡았는데 다시 흑두루미를 위해 이곳 50만 제곱미터 이상의 상당한 면적을 절토해 모래톱을 넓혀주겠다며 삽질을 예고하고 있었다.

이 사업에는 단서 조항이 있다. 표범장지뱀을 포획하여 이주시켜야 한다는 것이다.

○ 사업지구에 서식하는 것으로 확인된 법정보호종 표범장지뱀(멸Ⅱ)에 대한 저감방안으로 공사 전 정밀조사를 통한 이주계획 수립을 제시한바(평가서 p.209~211), 아래 사항을 면밀하게 검토하여야 함.

- 외부 개체의 유입을 방지하기 위해 양서파충류 울타리를 설치하고 사업부지의 구획화 및 단계별 공사를 통해 부지 내 서식하는 표범장지뱀을 최대한 포획·이주하여야 함.[24]

녹색 망은 예상대로 표범장지뱀의 포획과 이주를 위해 쳐놓은 것이었다. 구미시 환경정책과 담당 주무관은 "지난주부터 포획에 들어간 초기 단계로, 현재까지 대략 50개체 정도 포획했고, 앞으로 한 달 이상 포획해 이주시킨 후에 본격적인 공사에 들어갈 것"이라 확인해 주었다.

이렇게 한다고 해서 흑두루미가 다시 찾을지에 대한 의문은 차치하고, 흑두루미를 위해 수많은 표범장지뱀을 집단 이주시키는 것이 과연 올바른 선택인가. 전문가들은 신중한 선택을 주문하고 있다. 일방적으로 흑두루미만을 위한 복원 사업을 할 것이 아니라 관련 전문가들과 환경단체 실무자, 환경부와 지자체가 한자리에 모여 심도 있는 논의를 거친 뒤에 합리적인 방법을 찾아야지 일방적으로 공사를 진행해서는 안 된다는 것이다. 한반도야생동물연구소 한상훈 소장 또한 시간을 두고 신중히 선택해야 한다고 강조했다.

큰금계국의 집단 생육지가 곤충들이 모여 살 수 있는 장소가 되면서 표범장지뱀이 서식할 수 있는 생태계가 만들어졌다. 그러니 표범장지뱀의 서식공간을 유지하면서 변화를 관찰해 이들의 서식 실태부터 파악하는 게 생태계에 더 중요하다. 복원공사는 그다음 문제다. 게다가 4대강 사업 당시 준설토로 복토한 이 땅을 반드시 이전 모습으로 돌려야 한다고 주장하는 환경단체 현장 활동가들 또한 현 시점에선 신중한 결정이 필요하다고 입을 모으고 있다.

방법은 있다

자그마치 50만 제곱미터에 달하는 엄청난 면적에서 살고 있는 표범장지뱀을 모두 포획하여 이주시킨다는 것도 어불성설로 들리지만, 이미 산란해 놓은 알들을 어떻게 할 것이며 막 부화를 한 개체는 또 어떻게 할 것인가. 야생의 생태계는 그렇게 단순하지 않을뿐더러 우리가 함부로 건드려서는 안 되는 그들만의 질서가 있는 법이다. 집단 강제 이주는 결코 바른 해법이 아니다. 그것은 그저 이제 시작될 토건 공사에 면죄부를 줄 뿐이다.

표범장지뱀을 강제로 이주시키지 않고도 두루미들이 이곳을 찾게 만드는 방법은 있다. 가장 좋은 건 역시 자연적인 방법이다. 자연스럽게 모래톱을 복원시키는 방법으로, 해평습지에 영향을 주는 칠곡보*의 수문을 여는 것이다. 상시 개방이 어렵다면 흑두루미와 재두루미가 도래하는 10월 말부터 이듬해 3월 초 정도까지만 칠곡보 수위를 2미터 정도만 떨어뜨려 주면 된다. 그렇게 되면 낙동강과 감천 합류 지점의 넓은 모래톱이 물 밖으로 드러나며 겨울 진객 흑두루미와 재두루미가 쉬었다 갈 수 있는 장소가 만들어진다. 둔치를 깎아서 인위적으로 모래톱을 만들지 않아도 칠곡보의 수문만 열면 자연적으로 두루미들의 쉼터가 생겨나는 것이다. 이것이 바로 진정한 도시 생태축 복원 사업이 될 것이다.

이 방법이 어렵다면 차선책도 있다. 생태계 교란을 최소화하는 방법으로, 표범장지뱀을 내쫓는 곳의 면적을 가능한 한 줄이는 것이다. 복원 사업의 계획대로면 14만 제곱미터의 둔치를 깎아서 그 옆 38만 제곱미터의 둔치에 깎아낸 흙을 성토해야 한다. 그런데 깎아낸 흙을 그냥 옆에 쌓지 말고 낙동강으로 넣으면 낙동강과 감천이 만나 자연스레 만들어놓은 삼각주의 모래톱이 넓어지게 된다. 그렇게 하면 최소한 표범장지뱀의 서식처 38만 제곱미터는 지킬 수 있는 데다, 깎아낼 땅에 살아가고 있는 표범장지뱀들을 더 세밀하게 이주시킬 수 있을 것이고 이주한 표범장지뱀과 기존에 살아가던 표범장지뱀 간의 서식처 경쟁도 확 줄일 수 있을 것이다.

멸종위기종 표범장지뱀과 그 서식처를 지키는 것도 환경부

* 사대강 사업으로 낙동강에 만들어진 여덟 개의 보 중 하나이다.

(위)해평습지에서 만난 표범장지뱀.

(아래)표범장지뱀의 집. 해평습지 곳곳에서 이러한 집을 발견할 수 있다.

의 일이요, 하천관리를 하는 것도 환경부의 일이다. 자연환경과와 하천관리과 두 부서가 서로 긴밀히 소통하고 협업한다면 충분히 해결할 수 있을 것이라 생각한다.

애초에 흑두루미가 이곳 해평습지에 도래하지 않는 현실을 타개하고자 시작한 사업인데, 이 사업으로 인해 또 다른 멸종위기종의 희생이 따라서야 되겠는가. 이번 사업 때문에 표범장지뱀의 국내 최대 서식처로 추정되는 이곳의 생태계가 교란되어선 절대로 안 된다.

두 가지 방법 모두 환경부가 키를 쥐고 있다. 칠곡보의 수문을 여는 것도 환경부의 책임하에 있고, 낙동강 안으로 둔치의 모래를 넣어서 모래톱을 넓혀주는 것도 환경부 소관이다. 따라서 환경부가 결단하면 된다. 멸종위기종을 지키는 것이 환경부 고유의 역할이니만큼 환경부가 적극적으로 나서야 한다. 그것이 환경부의 존재 이유요, 의무이다.

녹조로
뒤덮인 강

2년 전인 2022년, 그해도 녹조는 굉장했다. 녹조는 6월 중순부터 시작되어 장맛비에도 사라지지 않고 가을을 지나 12월까지 이어졌다. 녹조는 낙동강을 따라 부산 다대포해수욕장을 덮치고 거제도 앞바다를 점령했다. 녹조가 강뿐만 아니라 바다까지 오염시킨 것이다.

녹조는 사실 수생생물의 생존에 꼭 필요한 요소 중 하나다. 우리가 흔히 녹조라고 부르는 것은 남조류라는 식물성플랑크톤인데, 광합성으로 탄소를 흡수하고 산소를 발생시키며 동물성플랑크톤의 먹이가 된다. 그 동물성플랑크톤이 작은 해양 동물들의 먹이가 되니 먹이사슬 제일 밑바닥에 있는 생태계의 일원인 것이다. 그런데 이 남조류가 과다하게 폭발적으로 증식하면 여러 가지 문제를 일으키게 되는데, 이를 흔히 '녹조 현상'이라고 한다.

녹조가 강에 창궐하면 강 표면 위에 녹색 띠가 생성되는데, 심하면 강 전체가 이런 녹색 띠로 뒤덮여 푸르러야 할 강이 탁한 녹색으로 변한다. 이렇게 되면 녹조 띠가 막이 되어 햇볕을 차단하고 남조류가 부패하면서 산소가 고갈된다. 그러면 수생 생태계가 교란되고 많은 생물이 죽게 되며 끝내 강 전체가 죽음에 이르는 것이다.

설상가상 이 남조류는 치명적인 독을 지니고 있다. 그중 하나가 마이크로시스틴이다. 마이크로시스틴은 국제암연구기관IARC이 지정한 발암물질로, 몸에 흡수되면 간 손상을 일으킬 뿐만 아니라 폐와 신장, 뇌에까지 영향을 끼친다. 최근에는 남성 정자 수를 감소시키는 등의 생식독성까지 지닌 것으로 확인됐다. 이런 심각한 독소가 포함된 남조류가 지금 낙동강에 창궐하고 있는 것이다.

낙동강 녹조에 대하여

그렇다면 왜 이런 녹조현상이 생기는 것일까. 녹조현상을 일으키는 남조류는 다음 세 가지 요소가 맞아떨어지면 폭발적으로 증식하게 된다. 첫째는 강의 높은 수온, 둘째는 남조류의 먹이가 되는 인과 질소 같은 영양염류, 셋째는 아주 느리게 흐르거나 정체된 수역이다. 그리고 이 세 번째 요소인 유속 문제는

4대강 사업 전후 확연한 차이를 보인다.

지난 십여 년 동안 온갖 언론을 장식하며 사회적 문제가 되어온 심각한 녹조현상의 원인은 바로 4대강 사업이다. 올해로 4대강 사업이 준공된 지 12년이다. 그동안 강을 거대한 보로 막아두었고, 정체된 강에는 녹조가 피어났다. 고인 물은 썩는다는 만고의 진리대로 강을 막아놓으니 강이 썩어간 것이고 그 증거가 바로 녹조인 것이다.

4대강 사업 전에도 낙동강에 녹조가 발생했다는 주장도 있는데, 4대강 사업 전에는 녹조현상이 이처럼 사회적 문제로 대두된 적이 없었다. 녹조현상이 문제가 된 건 명백히 4대강 사업 준공 후이다. 당연히 이전에도 낙동강에 녹조는 있었다. 다만 그것은 하굿둑으로 막힌 낙동강의 하류나 일부 물이 고인 곳에서 드물게 목격될 뿐이었다. 그런데 4대강 사업 이후 낙동강 전체가 흐르지 않는 강이 되다 보니 녹조가 낙동강 전 구간에 창궐하게 되었고 강 전체가 녹색 띠로 뒤덮이는 끔찍한 결과가 벌어진 것이다.

낙동강은 녹색의 강으로 변한 지 오래다. 보에 물을 채우기 시작한 2012년 여름부터 올해까지 12년째 똑같은 현상이 되풀이되고 있다. '녹조 라테'라는 말도 4대강 사업 이후 생겨난 말인데 이젠 녹조현상을 설명하는 고유명사가 되어버렸다.

2022년 7월 26일, 녹조 독소를 분석하는 부경대학교 이승준 교수에게 낙동강 녹조 물에 얼마나 많은 남조류가 증식하고 있는지 분석을 부탁했다. 환경부의 방식 그대로 정부의 잘

못을 지적하기 위함이었다. 예상과 크게 다르지 않은 결과였지만, 그럼에도 놀라지 않을 수 없었다. 1밀리리터당 무려 102만 셀의 남조류가 나온 것이다. 이것이 낙동강 전역이 녹색으로 변해버린 이유다.

현행 조류경보제에 따르면, 조류 발생 상황 관찰조사에서 유해 남조류가 1밀리리터당 100만 셀 이상인 상태가 연속 2회 관측되면 '조류대발생'을 선포하게 된다. 그리고 정부는 즉시 국가재난사태를 선포한 뒤 국민을 낙동강으로부터 격리하고 물 사용을 제한해야 한다. 녹조 독이 들어있는 물로 밥을 지어서도 안 되고 씻어서도 안 되기 때문이다.

그런데 이는 당시 환경부 조사 결과와 엄청난 차이가 있는 결과였다. 환경부는 2022년 7월 25일 조사에서 강정고령보의 남조류 세포 수를 1밀리리터당 9116셀로 발표했다. 약 112배에 달하는 이 큰 차이는 어디에서 왔을까.

현행 조류경보제상 강정고령보의 채수 지점은 낙동강 원수를 취수하는 매곡취수장으로부터 7킬로미터나 떨어진 상류, 그것도 강 가장자리가 아닌 강 한가운데 유속이 비교적 빠른 곳이다. 반면 나는 문산취수장 취수구 바로 앞에서 채수해서 분석을 맡겼다. 둘 중 어느 곳이 우리 수돗물의 실상을 그대로 전해주는 지점일까. 수돗물의 원수를 취수하는 취수구 앞이 가장 대표성이 있는 자리일 수밖에 없다. 다른 나라들도 대부분 취수구 앞의 물을 떠서 분석한다. 그런데 유독 한국만 취수구로부터 수 킬로미터 떨어진 상류의 물을 떠서 분석하는 방식을 채택하고 있다. 내가 취수구 앞의 물을 떠서 분석해 봐야겠다고 생각한 것도 조류경보제상의 수질 측정 위치가 너무나 동떨어진 곳이라고 생각했기 때문이었다.

실상이 이러니 수돗물에서도 녹조 독이 검출되고 있다. 대구환경운동연합은 2022년 7월 21일 매곡취수장에서 생산된 수돗물을 정수장의 협조를 받아 떠서 그 시료를 부경대학교 이승준 교수 연구팀에 맡겼는데, 분석 결과 수돗물에서 최대 0.281피피비의 마이크로시스틴이 검출됐다. 이 수치는 미국 오하이오주 미취학 아동 섭취 제한 기준인 0.3피피비에 근접하는 수준이다. 이후 가정집 수돗물 스물두 개의 샘플을 확보해 추가로 진행한 조사에서도 마이크로시스틴이 검출되었다.[25] 정수장의 정수에 이어 가정집 수돗물에서까지 녹조 독이 나온 것이다.

사실 이 녹조 독은 낙동강 주변 농작물에서도 검출되었을 뿐더러[26] 강물을 먹고 살 수밖에 없는 어류에서도 검출되고 있다.[27] 낙동강에서 자라는 물고기를 비롯해 낙동강 물을 먹고 자라는 농작물과 낙동강 물로 생산하는 수돗물까지 안심할 수 없게 된 것이다. 이것이 바로 국가재난사태가 아니라면 무엇인가.

지난해엔 5월 24일 낙동강에서 녹조 띠가 발견되었다. 그 전해인 2022년에는 6월 19일에 처음으로 녹조 띠가 발견되었으니, 약 한 달가량 녹조 발생 시기가 빨라진 셈이다. 시기도 빨라졌지만 그 양상도 심각해졌다. 6월 중순이 되자 녹조는 예년

8월 수준으로 폭발적으로 발생했다. 6월부터 걸쭉한 곤죽 형태의 녹조가 곳곳에서 목격됐다.

환경 당국은 비상이 걸렸다. 일시적 댐·보 연계 방류인 '펄스 방류'를 시작으로 인위적으로 물의 흐름을 만드는 수류 장치를 가동하며 다양한 녹조 저감 방안을 추진했다. 그런데 그러면서 이토록 심각한 녹조의 원인으로 지목한 것이 축산 분뇨였다. 무분별하게 방치된 축산 분뇨가 빗물과 함께 강으로 유입되어 녹조를 심화한다는 진단이었다. 그리고 그때부터 축산 농가에 대한 대대적 단속이 시작됐다. 당연히 그 뒤로도 녹조는 점점 심화했다.

진단과 처방이 모두 잘못된 것이다. 앞서 말했듯 녹조의 발생 요건은 크게 세 가지, 인과 같은 영양염류, 수온, 유속인데, 축산 농가를 단속한다고 인의 농도가 산간 계곡 수준으로 낮아질 수는 없다. 수온도 마찬가지다. 우리가 기후를 조절하여 수온을 조절할 수는 없는 노릇이다. 그렇다면 남은 한 가지는 유속이다. 보를 열어 유속을 바꾸는 것이 녹조의 심각한 창궐을 막을 수 있는 가장 근본적인 처방인데 정부는 엉뚱하게 영양염류인 인에 초점을 맞추고 애먼 축산 농가 탓만 하고 말았다.

녹조 물 속에서 자라는 벼

2022년 8월 11일에는 모 언론사와 함께 낙동강 현장을 찾았다. 대구 달성 구지면의 아름다운 정자인 이노정 앞 낙동강. 멀리서부터 역한 냄새가 올라왔다. 이날 오전부터 비가 내렸지만 녹조는 여전했다. 이곳은 낙동강의 작은 지천인 응암천과 낙동강이 만나는 지점이다. 그 안쪽으로 심각한 녹조가 발생한 것이다. 비탈길을 따라 강으로 내려갔다. 상류로 올라갈수록 녹조는 더 심했다. 녹조 곤죽이었다. 녹조 특유의 시궁창 냄새가 올라왔다. 참기가 어려웠다. 동행한 언론사 기자들도 힘겨움을 호소했다.

흐리고 비가 내리는 날에도 녹조 곤죽을 보게 될 줄을 몰랐다. 강 안으로 들어가니 바닥은 물컹물컹한 펄이다. 한 걸음 한 걸음 발을 내딛기 어려울 만큼 쑥쑥 빠졌다. 삽으로 펄을 한 삽 펐다. 지독한 냄새와 함께 검게 변한 썩은 펄이 올라왔다. 그 안에서는 어김없이 실지렁이가 나왔다. 이것이 오늘날 낙동강의 상황이다. 강물이 흐르지 않으니 물속의 유기물들이 서서히 바닥에 쌓이면서 썩어간다. 그렇게 강바닥이 썩은 펄이 되는 것이다. 결국 과거 낙동강 바닥에 살았던 저서생물들이 사라졌고, 시궁창에나 사는 4급수 지표생물인 실지렁이와 붉은깔따구들이 낙동강 하구 본포취수장에서부터 상류 상주보까지 강바닥을 점령했다.

응암천을 나와 낙동강을 따라 내려가다 농업용수를 취수하는 대암양수장으로 들어갔다. 대암양수장 관리인의 안내를 받고 강물을 취수하는 취수구 앞에 섰다. 그런데 그곳에선 물이 흐르고 있었다. 강 표면에 강하게 핀 녹조가 강물과 함께 마구 흘러갔다. 그런 모습은 정말 오랜만이었다. 확인해 보니 봉화나 영주 등 경북 북부 지역에 비가 많이 내려서 낙동강 상류로부터 유입 수량이 많아지자, 여덟 개 보를 일제히 열어 물을 하류로 내려보내고 있었다. 수문 개방이 이루어진 것이다.

낙동강 보의 수문을 열자 강물이 힘차게 흐르면서 녹조를 함께 하류로 내려보내고 있었다. 다음으로 들른 합천창녕보(이하 합천보)에서도 이런 장면을 목격했다. 합천보는 세 개의 수문을 모두 열고 강물을 하류로 내려보내고 있었다. 그래서인지 대암양수장 취수구에는 한여름 내내 뒤덮여 있던 녹조가 사라지고 없었다. 실로 오랜만에 보는 정상적인 모습의 대암양수장이었다.

그런데 이미 양수장을 통해 올라온 녹조 핀 낙동강 물이 인근 논으로 다 들어간 상태였다. 그래서 곧바로 인근 논으로 향했는데, 경남 합천 덕곡면의 한 논에서 그 모습을 생생하게 확인할 수 있었다. 얼핏 보면 개구리밥으로 착각할 정도의 초록색 녹조 덩어리가 논 전체를 뒤덮고 있었다. 그런 녹조 물에서 벼들이 자라고 있는 모습이 참으로 그로테스크했다.

문제는 녹조의 독이 아니겠는가. 안타깝게도 이런 상황이 펼쳐지면 녹조의 독이 생물농축 과정을 거치며 낟알에까지 들어간다는 것이 확인된 바 있다. 대구환경운동연합이 2021년 말 낙동강 하류의 물로 농사지은 쌀을 분석한 결과 마이크로시스틴이 1킬로그램당 3.18마이크로그램 검출되었다.[28] 낙동강 주변에는 쌀을 비롯해 상당히 많은 농산물이 생산된다. 그 농산물이 전국으로 유통되고 있으니 전 국민의 밥상이 위협을 받는 상황인 것이다.

경남 합천 덕곡면의 논. 녹조가 창궐했다. 낙동강 물을 농업용수로 공급받고 있기 때문이다.

같은 시각 경남 양산에서도 비슷한 장면이 연출됐다. 이날 낙동강네크워크 임희자 집행위원장은 양산의 한 수로와 논으로 녹조 가득한 강물이 그대로 들어가고 있는 현장을 목격하고 그 사실을 통보해 왔다. 문제의 양수장에선 이노정 앞 응암천에서 본 것보다 더 짙은 녹조가 발생했다. 그 녹색 물이 수로를 통해 원동들의 논으로 유입되고 있었다.

녹조의 영향을 받은 농산물을 그대로 판매해서는 안 된다는 것이 현장을 지켜본 활동가들의 공통된 견해였다. 이는 비단 원동들만의 문제가 아니다. 낙동강을 따라 있는 여덟 개 보에서 뻗은 양수장을 통해 농업용수를 공급받고 있는 낙동강 유역 모든 논밭에서 이와 같은 일이 일어나고 있으며, 그 농작물이 전국으로 팔려 나가고 있으니 전국의 시민들이 관심을 가지고 해결에 나서야 하는 문제가 아닐 수 없다.

낙동강의 역습과 공존의 길

이는 우리가 자초한 것이다. 강을 강이 아닌 호수로 만들어놨으니 낙동강이 몸살을 앓고 서서히 죽어가고 있는 것이다. 강바닥은 모래가 아닌 썩은 펄로 뒤덮였고, 다슬기, 조개, 수서곤충 등 그 많던 저서생물들이 모두 사라지고 시궁창에서나 사는 실지렁이와 깔따구 유충이 득실대고 있다. 이들의 존재로 낙동강 물이 2급수에서 물고기가 살 수 없는 4급수로 전락했음을 확인할 수 있다. 이렇게 죽어가는 낙동강이 만들어낸 것이 녹조고, 그 녹조는 이제 우리 인간을 정조준하고 있다.

원동들로 연결된 수로에 녹조가 가득하다.

강의 역습이다. 죽어가는 낙동강의 발악이자 인간에게 보내는 '살려달라'는 신호다. 이런 신호에 우리는 화답해야 한다. 낙동강을 살려내야 한다. 그 길은 다름 아닌 이전의 흐르는 강으로 되돌리는 일이다.

지난해 정부의 진단과 처방이 잘못됐다는 것은 얼마 지나지 않아 입증됐다. 6월 중순에 핀 심각한 녹조를 잠재운 것은 바로 하늘이었다. 6월 말부터 장마로 폭우에 가까운 비가 내리면서 낙동강 보의 수문이 일제히 열렸고 강의 유속이 빨라졌다. 그러자 녹조는 사라졌다. 그러나 장마 이후 낙동강 보의 수문이 닫히자 7월 말 녹조 띠가 다시 목격됐고, 그러다 태풍 카눈으로 인해 녹조가 또 한 번 사라졌다가 카눈이 물러간 이후 수문이 다시 닫히면서 또다시 나타났다.

이처럼 해법은 굳게 닫힌 수문을 여는 것이다. 4대강 사업 당시 들어선 여덟 개의 보를 당장 철거할 수 없다면 수문이라도 열어야 한다. 수문을 열면 강이 다시 흐르며 녹조 증식을 막고 자정작용을 일으켜 스스로를 치유할 것이다. 그러면 낙동강은 되살아난다.

이를 위해서 시급히 해야 하는 일이 취수장과 양수장의 구조 개선이다. 낙동강과 한강에만 수백 개의 취·양수장이 있는데, 현재는 수문을 열어 수위가 낮아지면 취수가 불가능하게 만들어져 있다. 그래서 수문을 열고 싶어도 열 수가 없는 것이다. 이런 구조를 개선하는 사업을 벌여야 하는데, 시민 환경단체 '낙동강네트워크'에 따르면 한강과 낙동강의 취·양수장 구조 개선에 약 9000억 원이 필요하다. 그런데 정부가 책정한 예산은 그에 비해 턱없이 부족한 터라 수문을 여는 길이 요원한 상황이다.

낙동강이 되살아나면 물고기를 비롯한 수생생물에서부터 낙동강 물을 먹고 사는 야생동물이 살아날 것이고 우리 또한 위험으로부터 벗어날 수 있을 것이다. 강을 살리는 것이 바로 공존으로 가는 길이다. 우리 정부가 부디 죽어가는 낙동강이 보내는 이 공존의 신호를 외면하지 않기를, 그래서 낙동강과 진정으로 더불어 사는 길을 찾을 수 있기를 간절히 희망해 본다.

낙동강이 다시 흐르면

2022년 말, 합천보가 열렸다. 11월 중순부터 조금씩 열리기 시작해 12월이 되니 수문이 완전히 들어 올려졌다. 원래 합천보 관리 수위가 10.5미터인데, 28일 나가서 확인한 바에 의하면 합천보 수위가 4.8미터까지 낮아졌다. 무려 5.7미터나 떨어진 것이다. 수위가 5미터 이상 낮아지니 자연스럽게 은백색 모래톱이 환하게 얼굴을 드러냈다. 낙동강이 비로소 제 모습으로 돌아온 것이다.

낙동강과 함께 되살아난 회천

이런 합천보 개방의 순기능은 낙동강 본류뿐만 아니라 지류에까지 영향을 미쳤다. 그동안 낙동강 보의 담수로 낙동강이 깊어지자 덩달아 지천도 깊어지면서 합류 지점을 기준으로 상류 방면으로 대략 2~3킬로미터의 인근 모래톱이 전부 수몰되어 있었다. 마땅히 있어야 할 모래톱과 둔치들이 강물에 잠기는 몰생태적 변화가 지천에도 일어났던 것이다. 그런데 다시 물이 흐르니 지천도 되살아나기 시작했다. 그리고 그러한 지천들 중 회천은 조금 특별한 점이 있었다.

회천은 전형적인 모래 강이다. 낙동강 합류 지점부터 상류로 대략 5킬로미터까지는 아름다운 모래톱이 펼쳐져 있었다. 특히 합류 지점으로부터 2킬로미터 상류까지는 전형적인 모래 강의 아름다운 모습을 간직했던 곳인데, 합천보 담수와 함께 완전히 수몰된 상황이었다. 그런데 그해 겨울, 수몰되었던 모래톱이 합천보 완전 개방과 더불어 부활했다. 녹조가 심각하게 생긴 낙동강과 달리 녹조의 영향을 받지 않은 회천의 모래톱은 녹조 사체가 덕지덕지 붙은 낙동강의 다른 모래톱과 달리 깨끗한 은백색의 모래톱으로 그대로 부활했다. '눈부신 아름다움'이라는 표현은 아마 이럴 때 쓰는 것이리라.

그 회천의 모래톱을 찾은 것은 2022년의 마지막 날이었다. 회천을 따라 은백색 모래톱이 길게 펼쳐져 있는 모습이 정말 아름다웠다. 과거 낙동강 그리고 모래 강 내성천이 바로 이런 모습이었을 것이다. 모래톱의 절반 정도는 그 위로 얕은 강물이 스치듯 흘렀고, 나머지 절반은 물 밖으로 드러나 있었다.

춤을 추는 낙동강

제 모습으로 돌아온 낙동강을 제일 반기는 것은 야생동물들이었다. 특히 새들이 가장 반기는 듯했다. 수위가 낮아지면 맘껏 '물질'을 할 수 있기 때문인지 다양한 새들이 돌아왔다. 비로소

천연기념물이자 멸종위기 야생생물 1급인 황새.

낙동강에 생기가 돈다. 무리를 이룬 이들의 모습을 보고 있으니 마치 낙동강이 춤을 추는 듯했다.

백로와 왜가리, 청둥오리, 흰뺨검둥오리 등은 물론이고, 멸종위기종 희귀 조류들까지 눈에 띄었다. 물이 깊은 낙동강에선 절대로 볼 수 없었던 새들이었다. 그래서 이 지면을 빌려 독자들에게 수문이 열린 뒤 낙동강으로 찾아온 귀한 낙동강의 친구들을 소개해 보려 한다.

황새는 국가유산청이 천연기념물로 지정하고 환경부가 멸종위기 야생생물 1급으로 지정한 법정보호종으로, 1996년부터 복원 사업을 진행하고 있는 귀한 새다. 가끔 다른 나라에서 날아온 녀석들이 목격되고 있는데, 수문 개방 후 모래톱이 돌아오자 낙동강을 찾은 것이다. 낙동강에선 좀처럼 볼 수 없는 새라 참 귀중한 장면이었다.

흰꼬리수리는 말 그대로 꼬리가 흰색을 띠고 있는 수리여서 쉽게 구분할 수 있다. 흰 꼬리를 단 채 큰 날개를 펼치고 비행하는 모습이 너무 경이롭고 아름답다. 이 녀석도 멸종위기 야생생물 1급으로 국내 개체 수가 많지 않은 상황이다.

호사비오리도 멸종위기 야생생물 1급으로, 전 세계 2000마리가 채 안 되고 국내에는 고작 몇십 마리 정도밖에 남아 있지 않은 정말 귀한 새다. 그런 호사비오리가 모래톱이 돌아온 회천에서 월동을 하는 모습이 포착되었다.

천연기념물이자 멸종위기 야생생물 2급 잿빛개구리매는 하천 주변의 갈대나 물억새밭의 들쥐를 사냥하면서 생활하

(위)흰꼬리수리, (가운데)호사비오리, (아래)잿빛개구리매.

무리 지어 있는 원앙. 주로 암컷과 수컷이 쌍으로 다닌다.

는 맹금류인데, 역시나 모래톱이 돌아온 뒤 회천 주변에서 자주 목격이 되었다.

인적이 드문 하천 변에서 왕왕 목격되는 원앙은 천연기념물로, 암수가 쌍으로 잘 움직여서 부부 금실의 상징이 된 새다. 수컷의 화려한 외모가 참 아름다운데, 회천에 모래톱이 돌아오자 100여 마리의 집단이 목격되었다. 굉장히 특이한 경우였다.

독수리 또한 멸종위기 야생생물 2급의 천연기념물로 역시나 국가유산청과 환경부 양쪽에서 보호받고 있는 법정보호종이다. 몽골에서 겨울을 나기 위해 우리나라를 찾는 겨울의 진객인지라, 이맘때가 되면 배고픈 독수리들을 위해 국내 다양한 곳에서 먹이 나누기가 벌어지고 있다. 이 장관이 펼쳐진 곳은 합천보 상류 1킬로미터 지점으로, 합천보 수문 완전 개방으로

오늘날 독수리는 매우 희귀한 겨울철새가 되었다.

큰기러기는 10월쯤 우리나라를 찾아 월동을 한다.

생겨난 귀한 모래톱이다. 이곳에도 '독수리 식당'이 차려졌고, 성업 중인 모습이었다.

(위)털발말똥가리, (가운데)노랑부리저어새, (아래)흰목물떼새.

큰기러기도 멸종위기 야생생물 2급인 겨울철새인데, 주로 무리 지어 생활한다. 이들이 새로 드러난 모래톱 위에서 망중한을 즐기고 있는 모습이 포착되었다. 너무나 평화로운 모습이 아닐 수 없다.

말똥가리와 비슷하게 생겼지만 날개가 흰색이고 발에 털이나 있어 '털발'이란 수식어가 붙은 털발말똥가리도 목격할 수 있었다. 역시나 우아한 아름다움을 간직한 맹금류였다.

독특하고 아름다운 부리를 갖고 있는 멸종위기 야생생물 2급 노랑부리저어새 또한 회천을 찾았다. 주걱 같은 부리로 강물을 이리저리 휘저으면서 먹이 활동을 하는 특이한 새인데, 낙동강 본류와 회천을 오가며 월동을 하고 있었다.

멸종위기 야생생물 2급 흰목물떼새도 보였다. 종종걸음으로 움직이는 꼬마물떼새와 달리 천천히 우아하게 움직였다. 그러다가도 비행할 때는 쏜살같이 날아가는 모습이 그야말로 일품이었다.

천연기념물이자 멸종위기 야생생물 1급인 참수리도 목격됐다. 국내 개체 수가 많지 않아 만나기가 쉽지 않은 맹금류인데, 역시나 모래톱이 돌아온 회천 일대를 유유히 날고 있었다.

이 귀한 친구들을 만날 수 있었던 것은 모두 합천보 완전 개방 덕분이었다. 놀라운 변화였다. 합천보 수문을 열기 전에는 이 일대에 생명의 흔적이 거의 없었기 때문이다. 수문을 열기 전엔 물이 깊어 깊은 물을 좋아하는 민물가마우지나 일부 오리를 제외하곤 어떤 생명도 낙동강을 찾지 않았다. 거대한 물

그릇만 덩그러니 놓인, 수로의 기능만 하는 낙동강일 뿐이었다. 그런데 단순히 보의 수문을 여는 것만으로 열두 종이나 되는 법정보호종과 야생의 친구들이 낙동강과 회천에 나타나는 놀라운 결과가 나타난 것이다. 이 모든 것이 수문을 연 지 고작 한 달 만에 벌어진 일이었다.

단기간에 어떻게 이렇게 많은 새들이, 그것도 법정보호종에 해당하는 귀한 새들이 찾아올 수 있었을까. 바로 이것이 모래톱의 힘이다. 모래톱은 이렇게 생명을 불러 모은다. 더불어 강의 수질을 정화하는 탁월한 기능도 하기 때문에, 아주 귀중한 강의 일부가 아닐 수 없다.

보 때문에 물로 가득 차 쉴 곳을 잃었던 새들에게 다시 돌아온 모래톱이 얼마나 반가웠을까. 비단 새들뿐만 아니라 무수한 야생동물들이 강을 기반으로 살아간다. 마실 물이 있고 몸을 숨길 덤불과 나무 등이 있는 강은 야생동물들에게 서식지이자 피난처가 되어준다. 이렇듯 강은 '공존'의 공간이다.

이것이 바로 낙동강의 보를 열어야 하는 이유다. 그러나 불행히도 그해 겨울 수문이 완전히 열린 곳은 합천보가 유일했다. 창녕함안보(함안보)도 최저수위까지 수문을 열었다가 인근 농가 문제로 다시 닫혔고, 상류 칠곡보는 1미터, 구미보는 2미터 수위를 내렸을 뿐이다. 다른 보들은 모두 꽁꽁 닫힌 채로 유지되었다. 도대체 언제까지 이렇게 기형적으로 보를 관리할 것인가.

다시 닫힌 수문

매년 2월 2일은 '세계 습지의 날'로, 습지의 가치와 중요성을 인식시키기 위하여 유엔이 지정한 국제 기념일이다. 2월 2일로 지정된 까닭은 국제습지조약이 1971년 2월 2일 채택되었기 때문이다. 협약이 이란의 람사르에서 채택되었기 때문에 '람사르협약'이라고도 하는데, 공식 명칭은 '물새 서식지로서 국제적으로 중요한 습지에 관한 협약The Convention on Wetlands of International Importance Especially as Waterfowl Habitat'이다. 야생동물의 서식지인 습지를 보호하고자 무려 50여년 전부터 국제적으로 노력해 오고 있던 것이다.

습지의 중요성을 다시 한번 생각해 보게 되는 이날, 합천보의 수문이 다시 닫히기 시작했다. 모래톱이 다시 수장되기 시작했고, 낙동강은 다시금 거대한 호수의 모습으로 돌아가기 시작했다.

잠시나마 풍부했던 생물다양성이 일순간에 다시 사라졌다. 호사비오리의 운명은 어떻게 될까. 낙동강 유역 환경단체들의 연대 조직인 낙동강네트워크가 합천보 수문 개방 결정권을 쥔 환경부를 향해 "철새들이 돌아가는 3월 초까지만 합천보 수문을 개방해 줄 것"을 간곡하게 요구했지만, 그 목소리는 가닿지 않았다.

수문을 닫는 이유는 인근 농가들의 마늘밭과 양파밭에 물을 대야 한다는 민원 때문이라고 한다. 그러나 낙동강네트워크에 따르면 주변 대다수 농민이 3월 중순부터 물을 대주어도

다시 닫힌 합천보의 수문.

된다고 했다고 한다. 급하게 물이 필요한 농가에는 전년도처럼 양수기를 동원하면 된다는 것이다. 그렇기 때문에 낙동강네트워크 측에서 철새들이 고향으로 돌아갈 때까지만 수문을 열어두자고 간곡히 요구했던 것이다.

물론 양수기를 설치하는 것도 번거로운 일이다. 그러나 그로 인해서 낙동강 습지가 좀 더 오래 유지되고 수많은 생명이 평화롭게 머물다 돌아갈 수 있다면 그런 수고로움을 감수할 가치가 있지 않을까. 이 나라의 생태환경과 생물다양성 보전에 대한 책임이 있는 환경부로서는 말이다. 그러나 하필 세계 습지의 날인 2023년 2월 2일, 환경부는 합천보 수문을 닫았다.

낙동강의 '오래된 미래'를 위하여

그날 다시 낙동강 모래톱을 찾았다. 돌아온 은백색의 모래톱이 다 사라지기 전에 다시 한번 밟아보기 위해서, 모래톱을 밟을 때 사각거리는 소리를 다시 들어보고 싶어서였다. 그런데 나와 비슷한 생각을 한 친구들이 또 있었던 듯했다. 이미 모래톱 위에는 다양한 야생 친구들의 발자국이 남아 있었다.

하지만 이제 이곳에서 새들의 흔적을 찾기 힘들어질 것이다. 어쩌면 그들이 더 이상 낙동강을 찾지 않을 수도 있다. 깊어진 물에서는 사냥을 할 수 없는 왜가리나 백로 같은 새들은 강에 접근조차 할 수 없으니 말이다.

고라니나 삵과 같은 야생동물들도 모래톱이 사라지면 행동반경이 반토막 난다. 너무 깊어서 강을 건널 수가 없기 때문이다. 그런 것도 모르고 강을 오가며 생활을 했을 터이니, 졸지에 이산가족이 될 위기에 처한 동물들이 있을지도 모르겠다.

우리 인간들은 낙동강에서 녹조를 없애 건강하고 안전한 물

모래톱에 남은 새들의 발자국.

을 마시기 위해서 보의 수문을 열어야 하지만 이들 야생의 친구들을 위해서도 낙동강 보의 수문은 반드시 열려야 한다. 그것이 '공존'의 길이 아닌가.

낙동강 모래톱의 발자국을 보면서 이 모래톱을 찾은 다양한 친구들의 안부를 물었다. 그리고 다짐했다. 하루빨리 낙동강 보의 수문이 완전히 개방될 수 있도록 최선의 노력을 다할 것이라고 말이다.

모래 강 낙동강의 본래 모습을 간절한 마음으로 떠올려본다. 넓은 모래톱 위를 맑은 강물이 유유히 흘러가고 그 모래톱에서 다양한 생명이 춤추는 오래된 모습을.

닫는 글

진정한 강 문화의 복원을 위하여

출판사의 제안으로 그동안 오마이뉴스에 연재한 현장 기사를 엮어 책으로 펴냈다. 서로 다른 맥락에서 써진 글들을 묶어 출판사에서 하나의 완결성 있는 책으로 재탄생시켰다. 이는 도서출판 흠영 공재우 대표의 안목과 노력의 결과다. 이 지면을 빌려 공재우 대표께 감사의 인사를 전하지 않을 수 없다.

책을 집필하면서 지난 시절을 돌아보게 됐다. 4대강 사업이 시작된 2009년부터 2018년까지 강을 지키기 위해 그야말로 필사적으로 싸웠다. 그러다 건강을 잃어 2019년 휴직했다가 2021년 초 복귀하여 다시 4년여를 쉼 없이 달려왔다. 이 책은 그 지난했던 활동의 결과물이다. 현장을 다녀오면 그날 바로 기도하는 심정으로 써 내려간 글들인지라 현장의 냄새가 그대로 담겨 있어 한 권의 책으로 묶고 보니 감회가 새롭다.

이 책 출간을 계기로 지난 활동을 돌아보고 앞으로의 활동을 전망해 볼 예정이다. 그래서 우리 강과 강 생태계의 뭇 생명이 우리 인간과 공존, 공생하는 세상, 비로소 참다운 강 문화가 다시 꽃피는 세상을 위한 앞으로의 10년을 구상할 생각이다.

이 지면을 빌려 대구환경운동연합의 회원들에게도 감사의 인사를 전한다. 750여 명 회원들이 자발적으로 회비를 내주고 언제나 든든하게 지지해 주었기에 활동을 이어올 수 있었고 오늘 이 책까지 탄생하게 된 것이다. 대구환경운동연합의 든든한 기둥인 노진철, 이승렬, 박호석 세 분의 의장님을 비롯하여 열 분의 운영위원 그리고 회원 동지들과 이 성과를 함께 나누고 싶다.

여러모로 부족한 내가 이런 활동을 이어올 수 있었던 것은 전적으로 아내와 아이들의 동의와 지지가 있었기 때문이다. 아내 이숙희 씨와 두 아이 승준, 우인에게도 감사의 인사를 전한다.

우리 강의 아픔과 눈물을 보듬어가며 우리 강의 미래를 함께 그려가고 있는 낙동강네트워크의 동지들과, 지금 한창 금강을 지키기 위해 "세종보 재가동 중단"을 외치며 금강에서 농성을 벌이면서 투쟁 중에 있는 '보철거를위한금강낙동강영산강시민행동'의 동지들 그리고 지난해 창립한 수달네트워크의 동지들과도 함께 이 성과를 나누고 싶다. 또 환경운동연합을 비롯하여 정말 어렵고 힘들게 활동을 이어나가고 있는 전국의 수많은 시민사회단체 활동가 동지들에게도 고맙다는 말을 전한다. 활동가 동지들의 수많은 이야기들도 책으로 엮어지길 희망해 본다.

마지막으로 내 현장 활동의 큰 동인이 되어준 흑두루미와 재두루미, 흰수마자, 수리부엉이, 얼룩새코미꾸리, 표범장지뱀, 수달, 귀이빨대칭이, 흰목물떼새, 삵, 고라니, 너구리, 담비, 황조롱이, 남생이, 자라, 메기, 꺽지, 말조개, 다슬기를 비롯하여 우리 강에서 만난 무수히 많은 야생의 친구들에게 이 책을 바친다.

주

1 강미랑·김지혜·정수빈, 「외부효과를 고려한 영주댐 사업의 사후 경제성 평가」, 『한국거버넌스학회보』, 29(2), 2022년, 111~112쪽.

2 강미랑·김지혜·정수빈, 위의 논문, 111쪽.

3 강미랑·김지혜·정수빈, 위의 논문, 112쪽.

4 강미랑·김지혜·정수빈, 위의 논문, 112쪽.

5 권오영, 「낙동강 안동댐 주변 환경조사-와타나베 리포트 1」, 미래방송·미래TV, 2016년 9월 25일.

6 정동원, 「낙동강 상류서 '중금속 물고기'… '쉬쉬'」, 안동MBC, 2017년 2월 17일.

7 김효중, 「봉화군 "영풍제련소 오염 토양 56만㎡ 정화 명령"」, 연합뉴스, 2018년 12월 20일.

8 이명선, 「책 재벌의 민낯 ① 영풍이 오염시킨 땅에 혈세 쓰인다」, 뉴스타파, 2021년 9월 6일.

9 환경부, 「낙동강 상류 환경관리 협의회, 분야별 조사결과 공개」, 2019년 11월 21일, 3쪽.

10 환경부, 「영풍 석포제련소 특별점검, 11건 법령 위반사항 등 적발」, 2020년 6월 9일, 3쪽.

11 환경부, 「카드뮴 불법배출 영풍 석포제련소에 과징금 281억 원 부과」, 2021년 11월 24일, 2쪽.

12 환경부, 「영풍석포제련소 지하수 중금속 외부유출 확인, 차단 정화를 위한 후속 조치 진행」, 2020년 10월 8일, 2쪽.

13 김다은, 「제련소 폐쇄를 이들이 주장하는 이유」, 865호, 시사IN, 2024년 4월 15일.

14 박원수, 「영풍석포제련소, 조업정지 60일에 취소소송…"행정처분 부당"」, 조선일보, 2021년 1월 22일.

15 채원영, 「환경단체 "영풍석포제련소 통합환경허가 취소하라"」, 매일신문, 2023년 4월 6일.

16 대구광역시, 「금호강 르네상스 시대를 열기 위한 큰 그림 완성」, 2022년 9월 14일.

17 대구광역시, 「6월 금호강 르네상스 선도사업 첫 삽, 2025년부터 시민 체감」, 2024년 6월 2일.

18 2022년 대구환경운동연합의 생태조사와 제3차 전국자연환경조사 결과를 종합하여 낸 수치다.

19 김종원, 「'숨은 서식처' 대구 팔현습지 개발…환경부, 책무부터 되새겨야」, 한겨레, 2024년 2월 1일.

20 대구광역시, 「대구시, 금호강 부지에 파크골프장 추가 조성」, 2023년 1월 26일.

21 우성덕, 「대구시, 금호강 둔치에 파크골프장 6곳 추가 조성」, 매일경제, 2023년 1월 27일.

22 박재형, 「생태계 파괴 '큰금계국'…예쁘다며 더 심어」, MBC뉴스투데이, 2019년 7월 8일.

23 구미시, 「낙동강 도시생태축 복원사업 소규모환경영향평가」, 3쪽.

24 환경부, 「소규모 환경영향평가 협의내용【낙동강 도시생태축 복원사업】」, 2쪽.

25 양관희, 「대구·부산·경남 가정집 수돗물서 마이크로시스틴 검출…"미국 기준치 5.83배 초과"」, 대구MBC, 2022년 8월 31일.

26 이지은, 「"낙동강 녹조 물로 키운 상추, 독성물질 검출"」, KBS뉴스, 2021년 10월 19일.

27 강병찬, 「낙동강 물고기서도 녹조 독성물질 마이크로시스틴 검출」, 대경일보, 2022년 10월 16일.

28 조재한, 「"4대강 녹조, 학교 급식도 위협"」, 대구MBC, 2022년 3월 29일.

강 죽이는 사회

삽질하는 사람들

2024년 10월 11일 초판 1쇄 펴냄

지은이 정수근

펴낸이 공재우
펴낸곳 도서출판 흠영 등록 2021년 9월 9일 제395-2021-000171호
주소 경기도 고양시 덕양구 동송로 33 이편한세상시티삼송 2층 32호 A223(동산동)
전화 010-3314-1755 전송 0303-3444-3438
전자우편 manju1755@naver.com 블로그 blog.naver.com/manju1755
인스타그램 instagram.com/heumyeong.press

편집 공재우 심온결
디자인 김선미
제작 영신사

'흠영'은 우리 사회의 문제에 주목합니다.
투고 및 모든 독자 문의는 전자우편을 통해 받습니다.

ISBN 979-11-976400-6-3 04300
979-11-976400-4-9 (세트)